Die Brot und Kochbuch Bibel

3 in 1

+150 hausgemachte Brot- und Kuchenrezepte

C. Schneider, S. Huber, A. Wagner

Alle Rechte vorbehalten.

Warnung

Sommario

5

7

Brot & Keks Kochbuch

50+ hausgemachte Brot- und Keksrezepte

Christine Schneider

Alle Rechte vorbehalten.

Haftungsausschluss

EINFÜHRUNG

Brot ist ein traditionelles, bekanntes Lebensmittel, das in unseren Breiten lange vor Kartoffeln, Reis oder Nudeln existierte. Da Brot nicht nur Energie liefert, sondern auch Vitamine, Mineralien und Spurenelemente, ist das Produkt als Grundlage einer Diät prädestiniert.

Brot als Diätbasis Brot als Diätbasis

Die Brotdiät wurde 1976 an der Universität Gießen entwickelt. Seitdem wurden einige Änderungen vorgenommen, die sich jedoch nur in Nuancen voneinander unterscheiden. Grundlage der Brotdiät ist das kohlenhydratreiche Lebensmittelbrot.

Brot wird aus Getreide hergestellt, daher kann das Brot je nach Art und Verarbeitung des Getreides unterschiedlich sein. Produkte mit einem hohen Vollkorngehalt werden in der Brotdiät bevorzugt. Solche Brote zeichnen sich durch einen hohen Gehalt an Spurenelementen und Mineralien aus, sie enthalten auch Ballaststoffe. Stark verarbeitetes Weißbrot ist in der Brotdiät nicht verboten, sondern sollte nur in geringen Mengen verzehrt werden.

WIE FUNKTIONIERT DIE BROT-DIÄT?

Die Brotdiät ist im Grunde eine Diät, die die Aufnahme von Kalorien reduziert. Die Gesamtenergiemenge für den Tag wird in der Brotdiät auf 1200 bis 1400 Kalorien reduziert. Mit Ausnahme einer kleinen warmen Mahlzeit aus Getreideprodukten werden diese Kalorien nur in Form von Brot geliefert.

Dies muss kein trockenes Fleisch, fettarmer Quark mit Kräutern oder Gemüsestreifen sein. Der Vorstellungskraft sind kaum Grenzen gesetzt, was die Vielzahl der Rezepte für die Brotdiät erklärt. Die Getränke in der Brotdiät enthalten Wasser und Tee ohne Zucker. Zusätzlich wird vor jeder Mahlzeit ein Brotgetränk eingenommen, um die Verdauung zu unterstützen und das Immunsystem zu stimulieren.

VORTEILE DER BROTDIÄT

Wenn beim Einlegen der Sandwiches keine Selbsttäuschung begangen wird, ist ein Vorteil der Brotdiät, wie bei den meisten kalorienarmen Diäten, der schnelle Erfolg. Aber die Brotdiät hat andere echte Vorteile gegenüber anderen Diäten. Die Ernährung kann sehr ausgewogen gestaltet werden, so dass keine Mangelerscheinungen zu erwarten sind.

Grundsätzlich kann eine Brotdiät daher auch über einen langen Zeitraum durchgeführt werden, ohne dass gesundheitsschädliche Auswirkungen zu erwarten sind. Ein weiterer Vorteil ist die Leichtigkeit, mit der die Diät durchgeführt werden kann. Der größte Teil der Mahlzeit ist kalt und kann zubereitet werden. Infolgedessen kann sogar eine arbeitende Person die Diät leicht durchführen, indem sie das mitgebrachte Brot isst, anstatt in der Kantine zu essen.

NACHTEILE DER BROTDIÄT

Die Brotdiät weist aufgrund ihrer Zusammensetzung keine besonderen Nachteile auf. Wenn die Brotdiät jedoch nur vorübergehend durchgeführt und dann zum vorherigen Lebensstil zurückgeführt wird, tritt der gefürchtete Jojo-Effekt auch bei der Brotdiät auf. Während der Hungerphase während der Diät nahm der Grundumsatz des Körpers ab.

Nach dem Ende der Diät tritt die Gewichtszunahme daher schnell und gewöhnlich auf einem höheren Niveau als vor dem Beginn der Diät auf.

BROT FÜR T-ULTRA

Portionen:
1

ZUTATEN

- 250 g Weizenmehl
- 250 g Dinkelmehl oder nach Wahl
- 1 Beutel / n Trockenhefe
- 2 EL Öl
- 1 EL Zucker
- 1 EL Salz-
- 350 ml Lauwarmes Wasser
- Öl oder Margarine

VORBEREITUNG

Alles in eine große Schüssel geben und mit den Händen, dem Teighaken oder dem Holzlöffel zu einem Teig kneten. Setzen Sie den Deckel auf und lassen Sie ihn an einem warmen Ort auf die doppelte Größe steigen. Aus der Schüssel auf eine bemehlte Oberfläche legen und kneten. Ölen Sie die Ultra Bowl oder reiben Sie sie mit Margarine ein.

Den Backofen auf 190 Grad vorheizen.

Lassen Sie das Brot weitere 20 Minuten im Ultra aufgehen und backen Sie es dann 40 Minuten lang. Nehmen Sie den Deckel ab, nehmen Sie ihn aus der Form, schalten Sie den Ofen aus und lassen Sie ihn weitere 5 Minuten im Ofen. Herausnehmen, in ein Handtuch wickeln und abkühlen lassen.

Pflaume und Walnussbrot

Portionen: 1

ZUTATEN

- 375 ml Wasser, lauwarm
- 1 ½ TL Salz-
- 300 g   Weizenmehl Typ 550
- 300 g   Dinkelmehl
- 1 ½ Packung Trockenhefe
- 80 g Walnüsse
- 120 g   Prune (Substantiv)
- 1 Prise Brotgewürzmischung

VORBEREITUNG

Gießen Sie zuerst das Wasser und das Salz in den Behälter des Brotbackautomaten. Dann das Mehl mit den Brotgewürzen hinzufügen und mit der Hefe bestreuen. Ich benutze dafür das Vollkornprogramm meines Brotbackautomaten.

Wenn die Maschine das Zeichen gibt, weitere Zutaten hinzuzufügen, fügen Sie die Walnüsse und Pflaumen hinzu. Das Verhältnis von Nuss zu Pflaume kann natürlich variiert werden, aber ich bevorzuge mehr Pflaumen als Nüsse.

Der Teig sollte nicht zu fest sein, sondern leicht fließen. Wenn es zu fest ist, können Sie etwas Wasser hinzufügen. Wenn es zu flüssig ist, fügen Sie während der Knetphase allmählich etwas Mehl hinzu.

Wenn es um Trockenhefe geht, ist es am besten, sich die Mehlmenge anzusehen: Ein Päckchen meiner Trockenhefe reicht für 500 g Mehl, also füge ich etwa 1 1/4 bis 1 1/2 Päckchen Hefe hinzu das Mehl. Das Rezept basiert auf einem Brot von 1000 g.

KNOFEL - ZWOFEL - BROT

Portionen: 1

ZUTATEN

- 1 kg Mehl
- 2 groß Zwiebel (Substantiv)
- 200 g   Wahl des Käses
- 2 Würfel   Hefe
- 500 ml Lauwarmes Wasser
- 3 Teelöffel, stricken.   Salz-
- Fett für die Form
- Mehl für die Form

VORBEREITUNG

Zuerst die Zwiebeln schälen und zusammen mit dem Käse in Würfel schneiden.

Dann mischen Sie das Mehl in einer großen Schüssel mit den Zwiebeln, Käse und Salz. Die Hefe fein darüber streuen, das warme Wasser darüber gießen und zu einem Teig kneten (je nach Konsistenz möglicherweise etwas mehr Wasser oder Mehl hinzufügen).

Dann entweder den Teig zu einem Laib formen, auf ein Backblech legen und ca. 1 Stunde gehen lassen oder den Teig in eine große oder zwei kleine gefettete und bemehlte Springform geben und ca. 1 Stunde gehen lassen. Natürlich können Sie den Teig auch in eine normale Brotform geben oder Brötchen darauf formen.

Dann 10 Minuten bei 200 ° C im vorgeheizten Ofen backen, dann auf 180 ° C herunterschalten und weitere 60 Minuten backen, bis das Brot eine hellbraune Kruste hat.

Achtung: Die Backzeit hängt stark davon ab, wie das Brot geformt wurde - ob es sich um ein großes oder mehrere kleine Brote oder Brötchen handelt. Es ist daher besser, es öfter zu überprüfen und die Backzeit bei Bedarf zu verkürzen.

Das Brot ist super einfach, lecker und schmeckt am besten einfach mit etwas Butter bestrichen.

NIEDRIGES KARBENBROT

Portionen: 1

ZUTATEN

- 120 g   Gemahlene Mandeln
- 40 g   Hanfmehl
- 40 g   Flachsmehl
- 35 g   Walnussmehl (Walnussprotein)
- 60 g   Flohsamenschalenmehl
- 40 g   Kürbiskerne oder andere
- 3 EL   Sesam
- 1 Teelöffel Salz
- 28 g Zahnstein Backpulver

- 4 m großes Ei (e)
- 35 ml Apfelessig
- 300 ml Wasser, kochend

VORBEREITUNG

Den Backofen auf 180 ° C vorheizen. Ein Backblech mit Pergamentpapier abdecken und in den Backofen legen.

Alle trockenen Zutaten in eine Schüssel geben und sehr gut mit einem Löffel oder Holzlöffel mischen. Das Backpulver muss wirklich gleichmäßig verteilt werden. Wenn nötig, zerdrücken Sie etwas mit einem Löffel, wenn es Klumpen gibt, oder sieben Sie es sofort. Eier und Essig hinzufügen. Mit dem Handmixer mit Teighaken gut kneten, damit die Eier gut verteilt sind.

Stellen Sie die Schüssel auf die Waage, geben Sie 300 g (entspricht 300 ml) sehr heißes Wasser hinzu (möglicherweise im Wasserkocher kochen) und rühren Sie sofort kräftig und schnell mit dem Teighaken um, bis der Teig fest ist und sich alles verbindet. Wenn Sie schlecht umrühren, kann es später zu Luftlöchern im Brot kommen.

Legen Sie nun den Teig mit einem Schaber oder vorsichtig mit den Fingern (Achtung, der Teig kann noch sehr heiß sein) aus der Schüssel auf die Arbeitsfläche und drücken oder kneten Sie ihn. Nicht auseinander ziehen! Der Teig sollte kompakt bleiben.

Formen Sie nun den Rohling wie gewünscht. Ich drücke z. B. von oben den Teig sehr leicht in die Teigschüssel geben, so dass die Löcher geschlossen sind, die Schüssel auf den Kopf stellen und den Teig herausfallen lassen. Das Formen ist fertig.

Legen Sie den Teig in den Ofen auf das Backblech und backen Sie ihn 70 Minuten lang ohne Konvektion auf dem 2. Rost von unten. Öffnen Sie die Tür während dieser Zeit nicht. Nach 70 Minuten können Sie den Ofen ausschalten, das Brot umdrehen und weitere 5 Minuten im Ofen belassen. Öffnen Sie die Ofentür, drehen Sie das Brot wieder um und lassen Sie es weitere 5 Minuten im Ofen. Erst dann herausnehmen und auf einem Rost abkühlen lassen. Das Brot bricht ein wenig zusammen, aber das ist normal.

Das Rezept ergibt ein 800 g Brot.

Anmerkungen:

Wenn Sie das Brot länger als 3 Tage aufbewahren möchten, empfehle ich, es spätestens am 2. Tag in einem Gefrierbeutel im Kühlschrank aufzubewahren. In jedem Fall muss es gut gekühlt sein, bevor es in den Kühlschrank kommt. Für mich kann es bis zu 2 Wochen aufbewahrt werden und ist lecker.

Sie können es mit einem gezackten Messer schneiden, sobald es abgekühlt ist.

Es ist wichtig, dass Sie Flohsamenschalen und keine Flohsamen verwenden.

Ein flauschiges Brot, das auch zum Gratinieren geeignet ist.

BROT OHNE KNEADING, VINSCHGAU-STIL

Portionen: 1

ZUTATEN

- 400 g Weizenmehl (Typ 550)
- 200 g Ganze Mahlzeit Dinkelmehl
- 200 g Vollmehl Roggenmehl
- 50 g   Roggenmehl
- n. B. B. Roggenmehl für die Arbeitsfläche
- 2 Teelöffel Brotgewürzmischung (Fenchel, Kümmel, Koriander)
- 1 Teelöffel schäbiger Klee

- 170 g Sauerteig (Leviton Madre) oder 50 g Roggensauerteig
- 10 g Hefe, frisch
- 650 ml Wasser bei Raumtemperatur
- 2 Teelöffel Salz

VORBEREITUNG

Hefe, Zucker und Lievito Madre im Wasser auflösen. Mischen Sie die restlichen Zutaten und mischen Sie dann das Hefewasser ein. Dies funktioniert mit einem Holzlöffel, eine Knetmaschine ist nicht erforderlich.

Setzen Sie den Deckel auf die Schüssel und lassen Sie den Teig 5 bis 12 Stunden gehen. Die Gehzeit hängt von der Temperatur ab. Es sollte mindestens sein Volumen verdreifachen und schön sprudeln. Bei Raumtemperatur reicht mir eine Gehzeit von 5 Stunden.

Wenn ich mehr Zeit habe, bereite ich den Teig am Nachmittag vor und backe das Brot am nächsten Morgen. Die Schüssel ist dann im Keller, um über Nacht zu gehen. Sie müssen ausprobieren, wie und wo der Teig am besten geht.

Am nächsten Tag den Ofen einschließlich des Topfes auf 200 ° C vorheizen (45 Minuten). Dann den Teig auf eine mit Roggenmehl bemehlte Arbeitsfläche schieben, einmal von jeder Seite zur Mitte falten und dann in den Topf geben. Deckel aufsetzen und 80 Minuten bei 200 ° C backen, dann weitere 45 Minuten ohne Deckel backen und abkühlen lassen.

RUSSISCHES BROT-TART

Portionen: 1

ZUTATEN

- 80 g   Mehl
- 3 TL   Backpulver
- 120 g   Zucker
- 1 pck. Vanillezucker
- 3 kleine   Eier)
- 100 ml Öl, neutral
- 100 ml Milch
- 300 g   Sauerrahm
- 150 g   Kondensmilch, gesüßt
- 100 g   Keks (russisches Brot)

VORBEREITUNG

Legen Sie russisches Brot in einen Gefrierbeutel, schließen Sie den Beutel und zerdrücken Sie das Gebäck mit dem Nudelholz fein.

Mehl mit Backpulver mischen. Fügen Sie die Semmelbrösel, Zucker und Vanillezucker hinzu. Gut mischen. Eier, Öl und Milch hinzufügen und gut umrühren. Legen Sie den Teig in eine Springform und legen Sie ihn in den Ofen.

Backen Sie bei oberer / unterer Hitze 200 ° (vorgewärmt), Heizluft 180 °, Gasstand 3 für 25-30 Minuten.

Die saure Sahne mit Kondensmilch mischen und auf dem warmen Kuchen verteilen. Lassen Sie den Kuchen abkühlen.

Walnuss - Banane - Brot

Portionen: 1

Zutaten

- 2 Banane (n), reif
- 50 g Zucker
- 250 g Mehl
- 300 g Walnüsse, 200 g grob gehackt, 100 g ganz
- 200 g Rosinen (kann auch weggelassen werden)
- 2 EL Öl
- 3 EL Milch
- ½ TL Backsoda
- ¼ TL Salz-

- 2 Eier)

VORBEREITUNG

Die Bananen mit einer Gabel zerdrücken oder mit einem Stabmixer hacken. Öl, Zucker, Milch und Eier hinzufügen und gut umrühren.

Backpulver, Mehl, Salz, Nüsse (und Rosinen) mischen und unter die Bananenmischung heben. In eine gut gefettete Laibpfanne (30 x 11 x 8) gießen. Mit halbierten Nüssen abdecken. Bei 200 Grad (heiße Luft ca. 190 Grad) 40 Minuten backen (unbedingt einen Kochtest durchführen).

Sie können auch Haselnüsse oder Mandeln anstelle von Walnüssen verwenden. Anstelle von Milch kann auch Wasser verwendet werden.

Sehr lecker mit Gouda, Honig oder Marmelade. Schmeckt aber auch gut ohne Belag.

ESSEN SIE SICH DUMMES BROT

Portionen: 1

ZUTATEN

- 520 g Wasser, lauwarm
- ½ Würfel   Hefe oder 1 Päckchen Trockenhefe
- 400 g Weizenmehl Typ 550
- 100 g Dinkelmehl Typ 630
- 200 g Roggenmehl Typ 1150
- 50 g   Weizenmehl Typ 1050
- 3 Teelöffel, stricken. Salz-
- 1 TL geebneter Zucker

VORBEREITUNG

Erhitze das Wasser auf 37 Grad und löse die Hefe darin auf. (zB Monsieur Cuisine 3 Min., Stufe 3, 37 Grad)

Fügen Sie alle Zutaten hinzu (fügen Sie jetzt Trockenhefe hinzu) und rühren Sie sie dann zu einem klebrigen Teig (z. B. Monsieur Cuisine Connect: Knetstufe).

In eine bemehlte Schüssel geben und 1 Stunde gehen lassen. Den Teig ca. falten. 10 Mal zu einem Laib formen und in einen gefetteten römischen Topf oder ähnliches mit Deckel geben.

In den kalten Ofen stellen, bei 240 ° C oben / unten 50 Minuten mit dem Deckel und dann 10 Minuten ohne Deckel backen.

DREHBUCHT - RYE - SOURDOUGH - BROT A LA MÄUSLE

Portionen: 1

ZUTATEN

- 250 g   Sauerteig (Dinkel)
- 350 g   Dinkelmehl, fein
- 200 g   Roggenmehl, fein
- 2 Teelöffel, geebnet.   Salz-
- 10 g   Möglicherweise frische Hefe
- ½ EL   Malz backen
- 320 ml Wasser, lauwarm

VORBEREITUNG

Mischen Sie das Dinkelmehl und Roggenmehl.

Mischen Sie die Hefe mit etwas Wasser, dem Salz und dem Backmalz. Fügen Sie der Mehlmischung zusammen mit dem Sauerteig hinzu und kneten Sie zu einem Teig, der nicht zu fest ist. Möglicherweise Wasserlöffel für Löffel hinzufügen.

Decken Sie den Teig ab und lassen Sie ihn 1 bis 2 Stunden ruhen oder bis sich das Volumen verdoppelt hat.

Halbieren Sie den Teig und formen Sie jede Hälfte mit den Handballen auf einer leicht bemehlten Oberfläche zu einem Quadrat. Die lange Seite sollte genauso lang sein wie die Brotform.

Rollen Sie dann den Teig von der langen Seite auf und legen Sie ihn mit der Naht nach unten in die Laibpfanne.

Dies gibt dem Teig etwas Spannung und steigt schön auf.

Abdecken und wieder gehen lassen, bis der Teig fast den Rand der Pfanne erreicht hat.

Den Backofen auf 250 Grad Umluft vorheizen. Stellen Sie einen feuerfesten Behälter mit Wasser hinein.

Schneiden Sie das Brot der Länge nach mit einem sehr scharfen Messer von ca. 2 cm Tiefe.

10 Minuten bei 250 Grad Umluft und 30 bis 35 Minuten bei 190 Grad Umluft backen.

Nehmen Sie es sofort aus der Form und führen Sie den Klopftest durch: Wenn das Brot beim Klopfen an der Unterseite hohl klingt, ist es fertig.

Andernfalls backen Sie weitere 5 Minuten ohne Schimmel bei 190 Grad Umluft.

Auf einem mit einem Küchentuch bedeckten Gitterrost abkühlen lassen.

Tipp 1: Sie können das Brot auch in einer großen Laibpfanne backen. Vor dem zweiten Proofing darf der Teig jedoch nur die Hälfte der Backform füllen.

Tipp 2: Oder Sie backen das Brot auf Backpapier im Ring einer Springform. Formen Sie dazu den Teig mit den Handballen auf einer leicht bemehlten Oberfläche in eine runde Form und ziehen Sie ihn mit den Fingern vom Rand in die Mitte. Legen Sie die Naht in die Springform.

Bei beiden Alternativen wird die Backzeit auf 50 bis 60 Minuten verlängert.

SCHNELLES BROT

Portionen: 1

ZUTATEN

- 400 g   Dinkelmehl
- 400 g   Vollmehl Roggenmehl
- 700 ml Wasser, lauwarm, ca. 37 ° C.
- 1 Würfel   Hefe
- 1 EL   Salz-
- 1 Teelöffel   Zucker
- 1 EL   Obstessig
- 1 EL   Honig oder Öl oder Sirup
- n. B. B. Kerne Ihrer Wahl, bis zu 1 kg inklusive Mehl

- Fett für die Form

VORBEREITUNG

Den Backofen auf 190 ° C vorheizen. Hefe, Zucker und Salz im Wasser auflösen. Mehl, Haferflocken und Körner in eine Schüssel geben - zusammen ca. 1000 g. Leinsamen, Haferflocken, Sonnenblumen-, Walnuss- oder Kürbiskerne schmecken sehr gut.

Nun das Wasser mit Hefe, Salz, Zucker, Essig und Öl dazugeben und mit dem Mixer kneten. Den Teig in eine gut gefettete Laibpfanne geben und ca. 75 Minuten bei 190 ° C backen.

Wenn das Brot fertig ist, nehmen Sie es sofort aus der Dose und lassen Sie es abkühlen.

Alternativ können auch Dinkelmehl aus Vollmehl und normales Roggenmehl verwendet werden.

Hafer - Kartoffeln - Brot

Portionen: 1

ZUTATEN

- 250 g   Kartoffel (n), mehliges Kochen
- 30 g   Hefe, frisch
- 125 ml Lauwarmes Wasser
- 350 g   Weizenmehl
- 100 g   Haferflocken, zart
- 1 Teelöffel Salz
- Margarine für die Dose
- Eigelb zum Bürsten
- Haferflocken zum Bestreuen

VORBEREITUNG

Kochen Sie die Kartoffeln, schälen Sie sie und lassen Sie sie abkühlen (kann auch vom Vortag sein). Die Hefe in einer Tasse zerbröckeln und in 1 Esslöffel warmem Wasser auflösen.

Das Mehl mit den Haferflocken in eine große Schüssel geben, mischen und in der Mitte einen Brunnen machen. Streuen Sie das Salz auf den Rand der Schüssel. Gießen Sie die gemischte Hefe in den Brunnen. Drücken oder zerdrücken Sie die Kartoffeln durch eine Presse und geben Sie sie zusammen mit dem Rest des Wassers in die Schüssel. Kneten Sie alles zusammen, um einen Teig zu bilden. Den Teig zu einer Kugel formen und abdecken und an einem warmen Ort 40-45 Minuten gehen lassen.

Den Backofen auf 225 ° C vorheizen. Ein Backblech mit Margarine einfetten. Den Teig nochmals gut kneten und 2 Brote daraus formen. Legen Sie die Brote auf das Backblech und punkten Sie dreimal über die Oberfläche. Das Eigelb mit etwas Wasser glatt rühren und das Brot mit der Mischung bestreichen. Mit Haferflocken bestreuen und im Ofen auf dem mittleren Rost ca. 30 Minuten backen. Dann lassen Sie das Brot auf einem Rost abkühlen.

Hinweis: Die Brote sind nicht sehr groß, Sie können auch 1 Brot machen - aber dann die Backzeit verlängern.

LEMBAS - BROT

Portionen: 1

Zutaten

Sauerteig:

- 100 g   Weizenmehl, 1050
- 100 g   Wasser
- Weizenkrüge

Für den Teig: (Vor-Teig)

- 150 g   Weizenmehl, 1050
- 175 g   Dinkelmehl, 630
- 75 g   Roggenmehl, 1150

- 300 g   Wasser
- 2 g   Trockenhefe

Für den Teig: (Hauptteig)

- 250 g   Weizenmehl, 1050
- 250 g   Dinkelmehl, 630
- 25 g   Roggenmehl, 1150
- 150 g   Wasser
- 10 g   Malz backen
- 20 g   Salz-

VORBEREITUNG

Bereiten Sie den Sauerteig und den Vorteig abends vor und lassen Sie ihn über Nacht an einem warmen Ort etwa 16 Stunden lang bedeckt.

Mischen Sie am nächsten Tag alle Zutaten für den Hauptteig, fügen Sie den Sauerteig und den Vor-Teig hinzu und kneten Sie ihn gründlich von Hand. Vergessen Sie nicht, vorher etwas ASG für das nächste Brot abzunehmen.

Abdecken und 20 Minuten ruhen lassen. Dann erneut kneten und entweder ein großes Brot oder 2 kleine Brote formen und mit dem Ende nach oben in den Proofkorb packen.

Heizen Sie den Ofen nach etwa einer Stunde auf 230 ° C vor.

Dann den Teig auf das Backblech legen, hineinschneiden und in den Ofen geben.

Schwaden Sie gut für die ersten 15 Minuten. Dann den Dampf ablassen und weitere 35 Minuten bei 180 ° C backen.

Trinkgeld:

Der Vor-Teig wird ziemlich fest - das ist beabsichtigt. Sie können es fast von Hand kneten.

Es kann vorkommen, dass Sie dem Hauptteig etwas mehr oder weniger Mehl hinzufügen müssen. Das hängt von der Textur des Sauerteigs ab. Je nachdem ob es ziemlich flüssig oder eher hart ist.

HERZLICH GESCHRIEBENES

Portionen: 1

ZUTATEN

- 1 pck. Hefe (Trockenhefe)
- 1 Prise (n)   Zucker
- 400 ml Naturjoghurt
- 500 g   Mehl (Dinkelmehl Typ 630)
- 2 Teelöffel   Salz-
- 3 EL   Zwiebel (n), knusprig geröstet
- 3 EL   Kräuter, gemischt (trocken oder gefroren)

VORBEREITUNG

Die Hefe wird mit Zucker und Joghurt (Raumtemperatur) gemischt. Kurz ruhen lassen. In der Zwischenzeit Dinkelmehl, Salz, gebratene Zwiebeln und Kräuter mischen. Dann alles gut zusammenkneten. Lassen Sie den Teig ca. 1 Stunde an einem warmen Ort gehen. Den Teig wieder gut kneten und in eine Laibpfanne geben. 10 Minuten gehen lassen.

In der Zwischenzeit den Backofen auf 200 ° C vorheizen.

Das Brot mit Milch bestreichen und dann 30 Minuten auf dem untersten Rost backen.

Das Brot lässt sich sehr leicht aus der Form nehmen und muss unbedingt abgekühlt werden, bevor Sie es schneiden.

Anstelle von gebratenen Zwiebeln könnte ich mir auch sonnengetrocknete Tomaten oder gehackte Oliven in diesem Brot vorstellen.

RUSTIKALES BROT IM ROASTER

Portionen: 1

Zutaten

- 200 g   Roggenmehl
- 200 g   Dinkelmehl
- 200 g   Ganze Mahlzeit Dinkelmehl
- 200 g   Weizenmehl Typ 1050
- 3 TL   Salz-
- Möglicherweise. Bei Bedarf Kräutersalz
- Etwas Brotgewürzmischung bei Bedarf
- 3 Preise   Askorbinsäure
- 2 Handvoll Sonnenblumenkerne

- 2 Handvoll Portionen:
- 2 Handvoll Leinsamen
- ½ Würfel   Frische Hefe (oder 1 Packung Trockenhefe)
- 1 Teelöffel Honig
- 640 ml Lauwarmes Wasser

VORBEREITUNG

Wenn Sie frische Hefe verwenden, rühren Sie diese zuerst mit dem Honig um.

Alle Zutaten in eine große Schüssel geben, mit Wasser übergießen und umrühren, bis keine trockenen Stellen mehr zu sehen sind. Decken Sie die Schüssel mit Frischhaltefolie ab und kühlen Sie sie über Nacht. Am nächsten Morgen ca. 2 - 3 Stunden warm stellen, damit es noch besser steigt. Ein sprudelnder Teig hat sich gebildet.

Etwa 3 Esslöffel Mehl auf die Arbeitsfläche geben und den Teig mit Hilfe eines Teigschabers darüber gleiten lassen. Geben Sie nun etwas Mehl auf den Teig und möglicherweise auch außen, und falten Sie den Teig mit den Händen, als würden Sie einen Umschlag falten.

Falten Sie also einfach einen Teil rechts in die Mitte und dann links und dann oben und unten auf die gleiche Weise. Sie können den Teig auch einfach zusammen mit dem Mehl schieben (es ist einfacher, wenn Sie dies noch nie zuvor getan haben). Dank des Mehls haftet der Teig nicht mehr an Ihren Fingern. Das Mehl sollte nicht eingeknetet werden, es bleibt nur außen herum und wird verwendet, um den Teig in Form zu bringen.

Legen Sie den Teig mit der offenen Seite nach unten in eine Bratpfanne, die mit Backpapier ausgelegt sein sollte, und backen Sie dann alles zusammen mit dem Deckel.

Backzeiten in einem heißen Ofen:

7 min. Bei 250 ° C bei geschlossenem Deckel,

35 min. Bei 230 ° C bei geschlossenem Deckel den Deckel abnehmen und ca.

15 Minuten bei 230 ° C ohne Deckel backen oder bräunen.

43

Das Brot bekommt so eine wundervolle Kruste - wie aus der Bäckerei. Dies ist, was der geschlossene Deckel tut.

Tipps: Ich verwende oft eine Mischung aus Salatsamen, Sonnenblumenkernen, Nüssen, Sesam und Leinsamen. Aber jeder kann das tun, wie er will. Es ist nur wichtig, dass der Röster oder Topf nirgendwo ein Kunststoffteil hat und dass es in Bezug auf die Größe der Teigmenge angemessen sein sollte, sonst wird das Brot etwas breit und sieht nicht mehr so schön aus.

GESAMTGESCHRIEBENES BROT

Portionen: 1

ZUTATEN

- 300 g Vollkornmehl
- 200 g Dinkelmehl
- 500 ml Wasser
- 1 Beutel / n Hefe
- 1 EL Salz-
- 3 EL Haselnüsse
- 2 EL Sonnenblumenkerne
- 2 EL Leinsamen
- 2 EL Sesam

- 50 g   Haferflocken, herzhaft

Ebenfalls:

- Fett für die Form
- Möglicherweise. Nüsse zum Bestreuen
- Möglicherweise. Sonnenblumenkerne zum Bestreuen

VORBEREITUNG

Mischen Sie alle Zutaten mit dem Teighaken für ca. 5 Minuten. Dann den Teig in eine gefettete Laibpfanne geben. Ich empfehle, das Brot leicht in der Mitte zu kratzen, damit das Brot nach dem Backen eine schöne Form hat.

In den kalten Ofen stellen und bei 200 ° C von oben / unten 60 - 70 Minuten backen.

Ich mag es auch, Nüsse oder Sonnenblumenkerne auf Brot zu streuen.

Die Haselnüsse können natürlich beispielsweise durch Walnüsse oder Mandeln ersetzt werden.

BROT MIT Dinkelmehl

Portionen: 1

ZUTATEN

- 300 g Dinkelmehl, Vollkorn
- 200 g Dinkelmehl
- 2 Teelöffel Salz
- 1 Teelöffel Zucker
- 1 pck. Trockenhefe
- n. B. B. Getreide (zB Sonnenblumenkerne, Sesam, Schwarzkümmel, Haferflocken, Leinsamen ...)
- 375 ml Mineralwasser mit Kohlensäure
- 3 EL Öl (zB Oliven-, Raps-, Sesam- oder Leinöl, ...)

- Möglicherweise. Fett für die Form
- Möglicherweise. Wasser zum Bürsten

VORBEREITUNG

Mehl, Salz, Zucker, Hefe und möglicherweise Getreide in eine Schüssel geben und mischen. Wasser und Öl hinzufügen, umrühren und kneten. Lassen Sie den Teig an einem warmen Ort gehen. Nochmals kneten.

Gießen Sie den Teig in eine mit Pergamentpapier ausgelegte oder gefettete Laibpfanne. Den Backofen auf 50 ° C vorheizen. Das Brot mit einer hitzebeständigen Schüssel Wasser in den Backofen geben. Dann auf 200 ° C erhitzen (Konvektion) und ca. 1 Stunde backen.

Wenn Sie keine Kruste mögen, können Sie die Oberfläche von Zeit zu Zeit mit Wasser bürsten.

Am Ende der Garzeit mit einem Holzstab einstechen. Wenn beim Herausziehen kein Teig am Stick haftet, ist das Brot fertig. Lassen Sie das Brot nach dem Backen kurz ruhen und nehmen Sie es dann zum Abkühlen aus der Form.

Die Mehlsorte kann nach Wunsch ausgetauscht werden.

007 Brot

Portionen: 1

ZUTATEN

- 100 g Sauerteig
- 500 g Roggenmehl
- 500 g Weizenmehl
- 4 TL Salz-
- 1 Teelöffel Malz
- 750 g Wasser
- 5 g Hefe

VORBEREITUNG

Mischen Sie alles zusammen, bis Sie keine trockenen Stellen mehr sehen. Dann legen Sie es abgedeckt für 24 Stunden in den Keller.

Drei Brote mit viel Mehl formen und 15 Minuten bei 250 ° C oben / unten und dann 35 Minuten bei 200 ° C backen. Oder formen Sie ein Brot und backen Sie es 15 Minuten bei 250 ° C und 45 Minuten bei 200 ° C.

5-Minuten-Brot

Portionen: 1

ZUTATEN

- 1 pck. Hefe, frische oder trockene Hefe
- 450 ml Wasser (warm
- 500 g Mehl
- 50 g Sonnenblumenkerne
- 50 g Leinsamen
- 50 g Sesam
- 2 Teelöffel   Salz-
- 1 Handvoll Haferflocken zum Bestreuen
- Fett für die Form

VORBEREITUNG

Mischen Sie frische Hefe mit Wasser oder trockene Hefe mit Mehl. Fügen Sie alle anderen Zutaten außer Haferflocken hinzu und mischen Sie gut. Den Teig in eine gefettete Laibpfanne geben, mit den Haferflocken bestreuen und in den kalten Ofen stellen.

Ca. 10-15 Minuten, dann im Ofen bei 200 ° C von oben / unten 60 Minuten backen (mit heißer Luft 170 ° C und 50 Minuten). Nehmen Sie das heiße Brot aus der Form und lassen Sie es abkühlen.

Tipps:

Getreide kann weggelassen oder ausgetauscht werden (Rosinen, Mandeln, Nüsse).

Die Laibpfanne kann auch vor dem Backen gefettet und mit Haferflocken bestreut werden, damit sich das Brot nach dem Backen leichter löst.

GLUTENFREIE BAGUETTEBROTE

Portionen: 1

ZUTATEN

- 500 g   Mehl, leichte glutenfreie Mischung
- 1 Würfel   Hefe
- 300 ml Milch
- 50 g   Margarine
- Eier)
- 1 Teelöffel Zucker
- 1 Teelöffel Salz
- 50 g Speck, gewürfelt, mager ODER:
- 100 g Käse, gerieben ODER:

- 6 TL Bärlauchpaste oder:
- Tomaten, Oliven, Feta-Käse, gemischt
- 50 ml Olivenöl
- 1 EL Kräutersalz, italienisch, zum Bürsten

VORBEREITUNG

Das Mehl in eine Schüssel geben.

Erwärmen Sie die Milch und lösen Sie die Hefe mit dem Zucker darin auf.

Die Hefemilch mit Butter, Ei und Salz zum Mehl geben und alles gut kneten.

Ein Backblech mit Pergamentpapier auslegen.

Nehmen Sie den Teig aus der Schüssel und kneten Sie ihn einmal. Fügen Sie etwas Mehl hinzu, damit es nicht so stark klebt. Nun halbieren Sie den Teig und drücken Sie jede Hälfte auseinander, um ein Oval zu bilden. Fügen Sie ein wenig Mehl hinzu, um zu verhindern, dass der Teig klebt.

Jetzt nach Belieben darüber, zum Beispiel mit geriebenem Käse oder Speckwürfeln. Es ist auch sehr lecker, wenn Sie eines der Brote mit Bärlauchpaste bestreichen. Stellen Sie jedoch sicher, dass eine Kante ohne Paste bleibt, da sonst alles anschwillt.

Wenn Sie möchten, können Sie auch eine Mischung aus Tomaten, Oliven und Feta darüber streuen. Die Tomate schälen, vierteln und entkernen, dann mit Küchenpapier trocken tupfen und in kleine Würfel schneiden. Anstelle von Oliven können Sie auch einfach Speckwürfel nehmen und dann das Ganze mischen und auf das Oval legen.

Wenn die Füllung eingeschaltet ist, rollen Sie sie einfach vorsichtig auf und legen Sie die Naht auf ein mit Backpapier ausgelegtes Backblech. Ziehen Sie nun vorsichtig etwas länger. Decken Sie die Brote ab und lassen Sie sie mindestens 30 Minuten ruhen.

Dann das Brot mit geschlagenem Ei für die Käsefüllung bestreichen und mit geriebenem Käse bestreuen, jetzt noch mehrmals schneiden. Den Bärlauch und das Tomatenbrot mit dem Öl bestreichen und hineinschneiden. Auch in das Speckbrot schneiden.

In den auf 200 Grad vorgeheizten Backofen stellen.

20 Minuten backen.

Die Teigmenge reicht für 2 Baguettes

WRH - BROT

Portionen: 1

ZUTATEN

- 300 g Weizenmehl
- 200 g Roggenmehl
- 50 g Haferpulpe
- 1 EL. Salz-
- 1 EL. Brotgewürzmischung
- ½ Würfel Hefe, frisch (oder 1 P. Trockenhefe)
- 370 ml Lauwarmes Wasser
- Haferflocken zum Bestreuen

VORBEREITUNG

Alle Zutaten mischen (frische Hefe in Wasser auflösen) und kneten, bis der Teig von der Basis kommt. Abdecken und ca. 2 Stunden gehen lassen, dann kneten, einen Laib oder eine Rolle formen, auf ein Backblech legen und weitere 20 Minuten gehen lassen.

Machen Sie mehrere Querschnitte auf der Oberfläche, bürsten Sie mit etwas Wasser und bestreuen Sie sie mit Haferflocken.

10 Minuten bei 220 ° backen - eine Tasse Wasser in das Rohr gießen - dann weitere 45 Minuten bei 200 ° backen.

BRUNO DAS BROT

Portionen: 1

ZUTATEN

- 5 EL   Sauerteig
- 200 g Roggenmehl
- 500 g Weizenmehl
- 1 EL   Salz-
- ½ Liter   Wasser (warm
- 2 pck. Trockenhefe
- Sonnenblumenkerne oder Schinkenwürfel, Käse, Leinsamen, Kürbiskerne oder Kümmel
- Zwiebel (n), getrocknet

VORBEREITUNG

Sie benötigen zuerst ein Rezept für Sauerteig, es gibt einige in der Datenbank (mit 5 Esslöffeln Sauerteig, 300 g Roggenmehl, ½ l warmem Wasser können Sie den Sauerteig wieder herstellen, wenn er ausgeht, dann kann er aufbewahrt werden für 14 Tage im Kühlschrank).

Nun zur Zubereitung des Teigs: Nehmen Sie 5 Esslöffel Sauerteig und fügen Sie 200 g Roggenmehl, 500 g Weizenmehl und einen gehäuften Esslöffel Salz hinzu. Fügen Sie dann ½ l warmes Wasser und 2 Päckchen Trockenhefe zu diesen Zutaten hinzu. Optional können Sie jetzt Schinkenwürfel, Käse, Leinsamen, Sonnenblumenkerne, Kürbiskerne, Kümmel oder getrocknete Zwiebeln hinzufügen.

Es ist notwendig, alle Zutaten gründlich zu mischen und dann den Teig gut zu kneten, er sollte sich leicht aus der Schüssel lösen. 1 Stunde gehen lassen. Dann bringen Sie den Teig in die gewünschte Form, entweder in ein Brot oder ein Brötchen, vorzugsweise mit sehr feuchten Händen, da sonst der Teig nicht mehr von Ihrer Hand kommen möchte.

Das Brot wird dann 75 Minuten bei 175 Grad (Konvektion) im Ofen gebacken. Natürlich nicht so lange für Brötchen, normalerweise habe ich sie für etwa 20-25 Minuten im Ofen.

Nach dem Backen mit Wasser bestreichen, um eine Kruste zu bilden. Es ist wirklich eine sehr einfache und leckere Sache.

BIER BROT

Portionen: 6

ZUTATEN

- 360 g   Mehl (Vollkornmehl)
- 1 Teelöffel Backpulver
- 1 Teelöffel Salz
- TL Backpulver
- 2 EL   Honig
- 375 ml Bier
- Geschmolzene Butter

VORBEREITUNG

Eine Kuchenform (10 cm x 20 cm) herausnehmen.

Mischen Sie die trockenen Zutaten in einer Schüssel. Betritt den Honig. Gießen Sie das Bier ein und rühren Sie es ein. Aber rühren Sie nicht zu viel um. Der Teig sollte noch Klumpen haben.

In die Backform geben.

30-40 Minuten backen oder bis die Kruste hellbraun ist. Aus dem Ofen nehmen und die Temperatur auf 220 ° C erhöhen.

Legen Sie das Brot auf ein Backblech und bürsten Sie die Oberseite und die Seiten mit geschmolzener Butter. 5-10 Minuten backen.

GEBRATENE ZWIEBELN - SCHMETTERMILCH - BROT

Portionen: 1

ZUTATEN

- 500 g   Mehl
- 500 ml Buttermilch
- 1 Dose Zwiebel (n) (gebratene Zwiebeln)
- 1 Würfel   Hefe
- 1 Teelöffel Zucker
- 1 Teelöffel Salz

VORBEREITUNG

Die frische Hefe mit einem Teelöffel Salz und einem Teelöffel Zucker in eine kleine Schüssel mit Deckel geben und auflösen lassen.

Mehl, gebratene Zwiebel und Buttermilch mischen. Wenn die Hefe flüssig ist, hinzufügen und einrühren, bis ein kompakter Teig entsteht.

Bringen Sie alles in die gewünschte Form und heizen Sie den Ofen auf 180 ° C vor. Legen Sie das Brot mit einer kleinen Schüssel Wasser in den Ofen und backen Sie es 60 Minuten lang.

SCHNELL GESCHRIEBENES

Portionen: 1

ZUTATEN

- 800 g Dinkelmehl, fein gemahlen
- 300 g Weizenmehl, fein gemahlen
- 100 g Buchweizenmehl, fein gemahlen
- 4 TL Salz (ca. 30-40 g)
- 1 Liter Wasser (warm
- 5 EL Obstessig
- 1 Würfel Hefe (oder entsprechende Trockenhefe)
- 160 g Walnüsse

- 160 g Sonnenblumenkerne (möglicherweise einige als Beilage)

VORBEREITUNG

Die Hefe in warmem Wasser auflösen und Essig hinzufügen. Fügen Sie nach und nach das mit dem Salz vermischte Mehl, die mit dem Handballen grob zerdrückten Walnusskerne und die Sonnenblumenkerne hinzu, mischen Sie es gut mit dem Teighaken und arbeiten Sie den Teig dann gut durch.

Gießen Sie die Mischung in 2 gut gefettete Brotdosen und glätten Sie die Oberfläche mit einem feuchten Spatel. Legen Sie möglicherweise ein Muster mit Sonnenblumenkernen auf die Oberfläche. Den Teig abdecken und ca. 30 Minuten gehen lassen.

Im vorgeheizten Backofen ca. 45 Minuten auf 220 Grad backen. Natürlich hängt die Backzeit immer vom jeweiligen Ofen ab.

SWABIAN NET (BROT)

Portionen: 1

ZUTATEN

- 10 g Hefe
- 75 g Sauerteig
- 520 ml Wasser, kalt
- 1 Teelöffel Honig
- 400 g   Weizenmehl Typ 405
- 200 g   Weizenmehl Typ 1050
- 150 g   Roggenmehl Typ 1150
- 15 g Salz

VORBEREITUNG

Hefe und Sauerteig in etwas Wasser auflösen.

Mehl, Roggenmehl, Salz und Honig hinzufügen und 7 Minuten zu einer homogenen Masse rühren.

Das Wasser wird als maximale Menge angegeben. Ich würde zuerst 350-400 ml (abhängig von der Zusammensetzung des Sauerteigs) hinzufügen und dann mehr (max. 520 ml) einfüllen, bis der Teig nach 6 Minuten Rühren sehr klebrig ist. Es sollte ein "klebriger Klumpen" sein, damit es feucht genug ist, aber auch beim Backen seine runde Form behält und nicht zu feucht wie ein flaches Fladenbrot fließt.

Lassen Sie den Teig 20 Minuten gehen, dann falten Sie den Teig von den Seiten der Schüssel in der Mitte. 20 Minuten gehen lassen. Wiederholen Sie das Falten noch zweimal. Der Teig ist weich und etwas klebrig (mit 520 ml Wasser klebt der Teig richtig).

Alternative:

- 2 bis 3 mal im Dampfgarer (automatisch-> Spezial-> Hefe aufgehen lassen (20min))

- Nach jedem Vorgang von der Kante einklappen

Lassen Sie den Teig nun über Nacht bei kühler Raumtemperatur (bei 15 ° C - 16 ° C zB im Keller, Keller) aufgehen.

Der Teig sollte sich verdoppelt haben (dauert je nach Raumtemperatur 8-12 Stunden). Alternativ können Sie den Teig 24 Stunden lang in den Kühlschrank stellen. (Wärmer ist schneller, aber dieser Schritt sollte nicht verkürzt werden, um ein besser verdauliches Ergebnis zu erzielen.)

Am nächsten Tag den Backofen mit einem Backblech auf 250 ° C erhitzen.

Befeuchten Sie eine kleine 2-Liter-Schüssel (Metall) kräftig. Ein wenig Wasser kann auf dem Boden stehen. Legen Sie den Teig mit einem feuchten Spatel oder nassen Händen in die Schüssel und falten Sie ihn erneut von den Seiten der Schüssel in der Mitte, um ein wenig Spannung aufzubauen.

Drehen Sie das Brot aus der Schüssel direkt auf das heiße Backblech. Insgesamt 40 - 55 Minuten bei 240 ° C backen. Nach 25 - 20 Minuten auf 220 ° C reduzieren. (Wenn Sie keinen Klimakocher haben, geben Sie einen hitzebeständigen Behälter und 4 - 5 Eiswürfel in den Ofen.)

Alternative:

- Feuchtigkeit plus (Aufheizen) 240 ° C; 2 - 3 Dampfstöße;

- 1. Dampfstoß nach dem Einsetzen, 2. Dampfstoß nach 10 Minuten, 3. Dampfstoß 5 Minuten vor dem Entfernen.

Das Brot 10 Minuten vor dem Ende des Backvorgangs mit Wasser bestreichen, um eine glänzende Kruste zu erhalten. Nachdem das Brot aus dem Ofen gekommen ist, können Sie es sofort wieder mit einer feuchten Bürste mit Wasser abwischen.

Anmerkungen:

Eine lange Garzeit (entweder bei 15 ° C oder im Kühlschrank) und der Sauerteig sorgen dafür, dass dieses Brot einen guten Geschmack hat. Der Sauerteig wird ungefüttert in das Brot gegeben und lässt es nicht wachsen, sondern verleiht ihm einen sehr guten Geschmack. Sie können das Brot ohne Sauerteig backen, müssen aber geschmackliche kleine Kompromisse eingehen. (Ich persönlich verwende Sauerteig, den ich kaufe - Sie können ihn selbst herstellen und finden hier mehrere Rezepte).

Die maximale Menge wird für die Wassermenge im Teig angegeben. Weniger Wasser führt zu einem weichen Teig, der für fortgeschrittene Anfänger noch handhabbar ist. Es kann aber auch sein, dass sich beim Backen ein Knöchel bildet, dh der Teig reißt auf einer Seite ein wenig. Das ist aber ein rein visueller Fehler. Mit 560 ml Wasser wird die Handhabung schwieriger, da der Teig stärker haftet und sogar fließt, aber das darin eingelegte Brot erhält seine typische runde Form. Die Form ändert nichts am Geschmack, was bei beiden Varianten hervorragend ist! Die Kruste dieses Brotes wird fein und knusprig und öffnet sich schön, wenn es abkühlt. Die Krume ist weich und fein bis mittelporig. Das Innere ist schön und saftig und man kann es außen knusprig hören.

Das Brot kann am besten unverpackt (auf der Schnittseite stehend) bis zu 3 Tage gelagert werden.

Kürbisstuten / Brot

Portionen: 1

ZUTATEN

- 3 Würfel   Hefe
- 2 kg   Mehl
- 250 g   Zucker
- 250 g   Butter, flüssig
- 1 Prise (n)   Salz-
- 1 Liter Kürbisfleisch, Püree
- Milch

VORBEREITUNG

Mehl und Zucker in eine große Schüssel geben und in der Mitte des Mehls einen Brunnen machen. Die zerbröckelte Hefe, 2 Teelöffel Zucker und 4 Esslöffel lauwarme Milch gehen dort hinein. Hefe, Zucker und lauwarme Milch vorsichtig umrühren. Alles ca. 20 Minuten an einem warmen Ort ruhen lassen. Dazu nehme ich eine große Schüssel mit Deckel und lege sie in ein heißes Wasserbad. Wenn der Deckel aufgeht, ist der Teig gut.

Dann fügen Sie flüssige Butter, eine Prise Salz und den Kürbis hinzu. Ich kochte den Kürbis in einem Schnellkochtopf mit etwas Wasser weich und pürierte ihn dann. Alles gut kneten, bei Bedarf etwas Milch hinzufügen. Dann alles im Heißwasserbad in der geschlossenen Schüssel wieder aufgehen lassen. Wieder natürlich bis sich der Deckel öffnet.

Der Teig reicht für 2 große Brote, die ca. 45 Minuten bei ca. 175 Grad gebacken werden. Ich habe 5 Brote mit je ca. 800 g Teig (heiße Luft 175 Grad, ca. 30 Minuten).

Tipp: Gefrorenen Kürbis einfrieren, dann können Sie nicht nur Kürbisstuten / Brot für Halloween backen.

GLUTENFREIES BROT MIT Joghurt

Portionen: 1

ZUTATEN

- 120 g   Buchweizenmehl
- 250 g   Mehlmischung, glutenfrei, leicht, von Seitz
- 120 g   Mehlmischung, glutenfrei, dunkel, von Seitz
- 2 EL   Traubenkernmehl
- 150 g   Getreide, gemischt (Hanf, Sonnenblumenkerne, Leinsamen, Amaranth, Sesam)
- 1 ½ EL Flohsamenschalen
- 1 ½ TL Himalaya-Salz oder Meersalz

- 1 Würfel   Hefe
- 1 Teelöffel   Zucker
- 470 ml Wasser (warm
- 5 EL, gehäuft Joghurt, 1,5%
- 2 EL Apfelessig
- Butter für die Form

VORBEREITUNG

Die Hefe zerbröckeln und den Zucker darüber streuen. Nach 1 Minute 100 ml warmes Wasser hinzufügen. Nach ca. 3 Minuten das restliche Wasser hinzufügen und umrühren. In der Zwischenzeit alle trockenen Zutaten in einer Schüssel mischen. Den Joghurt-Apfelessig auf die Mehlmischung geben, die Hefe-Wasser-Mischung hinzufügen und mit der Küchenmaschine etwa 15 Minuten lang kneten.

Eine Laibpfanne großzügig mit Butter bestreichen. Gießen Sie den Teig ein, er ist sehr klebrig, aber so sollte es sein. Legen Sie die Form in den Ofen, stellen Sie den Ofen auf maximal 40 ° C ein. Befeuchten Sie ein sauberes Geschirrtuch gut mit warmem Wasser und legen Sie es über die Schüssel. Den Teig 15 Minuten gehen lassen. Nehmen Sie dann das Tuch ab und schneiden Sie den Teig mehrmals diagonal mit einem scharfen Messer ca. 2 cm tief. Schließen Sie die Ofentür und stellen Sie den Ofen ohne Konvektion auf 200 ° C. 60 Minuten backen. Nehmen Sie das Brot aus der Form und legen Sie es sofort wieder mit dem Boden nach oben für 10-15 Minuten in den Ofen. (Der Ofen kann für die letzten 5 Minuten ausgeschaltet werden).

Lassen Sie das Brot auf einem Rost gut abkühlen. Ab dem 2. Tag in eine Tüte packen oder in den Brotkasten legen.

3-Minuten-Brot

Portionen: 1

ZUTATEN

- 400 g   Weizenmehl Typ 405
- 400 g   Dinkelmehl
- 75 g   Leinsamen
- 125 g   Hirse
- 1 EL   Gewürzmischung für Brot (Koriander, Kümmel, Fenchel)
- 1 Würfel   Hefe, frisch
- 700 ml Wasser (warm
- 2 Teelöffel   Salz-

- 3 EL   Zucker
- Fett für die Form

VORBEREITUNG

Die Hefe mit Salz und Zucker in warmem Wasser auflösen. Der beste Weg, dies zu tun, ist mit einem Stabmixer. Die beiden Mehlsorten Leinsamen, Hirse und das Brotgewürz in eine große Schüssel geben und alles ein wenig umrühren. Jede andere Getreideart kann verwendet werden, z. B.: B. Sesam, Sonnenblumenkerne usw.

In Wasser gelöste Hefe zum Mehl und alles gut kneten. Möglicherweise müssen Sie etwas mehr Mehl verwenden, aber nur so viel, dass der Teig nicht mehr klebt. Den Teig in eine gefettete Backform geben und mit Wasser bestreichen. Mit etwas Hirse bestreuen.

Stellen Sie die Brotform in den kalten Ofen. Auf 190 ° C einstellen und 60 Minuten bei oberer / unterer Hitze backen. Nehmen Sie dann sofort das Brot aus der Pfanne und lassen Sie es auf einem Rost abkühlen.

NIEDRIGES KARBENBROT

Portionen: 1

ZUTATEN

- 250 g Haferflocken
- 250 g Sonnenblumenkerne
- 150 g Leinsamen
- 80 g Mandelblättchen
- 4 EL, gehäuft Chia-Samen
- 8 EL, gehäuft Flohsamenschalen
- 2 Teelöffel Salz-
- 1 EL Honig
- 750 ml Wasser

VORBEREITUNG

Mischen Sie die trockenen Zutaten gut und fügen Sie erst dann das Wasser und den Honig hinzu. Alles mischen und dann 1 - 2 Stunden ziehen lassen.

Den Backofen auf 180 ° C vorheizen (obere / untere Hitze). Dann den Teig in eine Laibpfanne geben und 20 Minuten backen.

Nehmen Sie das Brot aus der Form und backen Sie es weitere 40 Minuten. Im Ofen abkühlen lassen.

Das Brot hält mehrere Tage. Ich mag es, die Scheiben wieder in den Toaster zu legen, bevor ich sie esse. Es schmeckt wie frisch gebacken.

Hinweis von Chefkoch.de: Da der Cadmiumgehalt in Leinsamen relativ hoch ist, empfiehlt die Bundeszentrale für Ernährung, nicht mehr als 20 g Leinsamen pro Tag zu konsumieren. Der tägliche Brotkonsum sollte entsprechend aufgeteilt werden.

HERZLICHES QUARKBROT

Portionen: 1

ZUTATEN

- 500 g Vollkornmehl
- 500 g Magerquark
- 2 Eier)
- 2 pck. Backpulver
- 1 Teelöffel Salz
- 1 Teelöffel Zucker oder Honig
- 100 g Mischkörner (zB Leinsamen, Sonnenblumenkerne, gehackte Walnüsse)

VORBEREITUNG

Alle Zutaten in eine Schüssel geben und zu einem Teig kneten. Wenn der Teig noch klebrig ist, etwas Mehl hinzufügen.

Den Teig zu einem Laib Brot formen und in eine gefettete Laibpfanne geben. Schneiden Sie die Oberfläche mehrmals in Längsrichtung ein.

Das Brot im vorgeheizten Backofen ca. 170 Grad (Konvektion) für 45 - 60 Minuten. Die Zeit hängt vom Ofen ab. Verwenden Sie am besten einen Holzstab, um zu testen, ob das Brot durchgebacken ist. Lassen Sie das Brot etwas abkühlen und nehmen Sie es aus der Form.

Das Brot schmeckt gut mit süßen und herzhaften Belägen.

Trinkgeld:

Sie können jede Art von Mehl als Mehl verwenden, auch gemischt (funktioniert auch mit "normalem" Weizenmehl). Schmeckt auch gut mit Preiselbeeren als süße Variante.

Zwiebel-Speck-Brot

Portionen: 1

ZUTATEN

- 400 g   Mehl
- ½ pck. Trockenhefe
- 1 Teelöffel   Salz-
- ½ TL   Majoran
- Etwas Pfeffer
- etwas Paprikapulver
- 250 ml Wasser
- 1 klein Zwiebel (Substantiv)
- Speck, nach Wunsch gewürfelt

VORBEREITUNG

Die Zwiebel würfeln und mit dem Speck in etwas geklärter Butter rösten, etwas abkühlen lassen.

Aus Mehl, Hefe, Gewürzen und Wasser einen Hefeteig machen, die Speck- und Zwiebelwürfel darunter kneten und ca. 1 Stunde gehen lassen.

Den Teig auf ein Backblech oder in eine Laibpfanne legen und mit etwas Wasser besprühen.

Bei 200 ° C ca. 50 Minuten

MILWAUKEE - BROT

Portionen: 2

ZUTATEN

- 2 Beutel / n Hefe (Trockenhefe)
- 200 g   Schmelzkäse
- 2 EL Zucker
- 1 Teelöffel Salz
- 600 g   Mehl
- Für die Füllung:
- 100 g   Butter oder Margarine
- 1 Beutel / n Suppe (Zwiebelsuppe)

VORBEREITUNG

Mischen Sie die Hefe mit gut 250 ml lauwarmem Wasser, Käse, Zucker und Salz mit dem Handmixer. Setzen Sie dann den Teighaken ein und fügen Sie das Mehl hinzu. Kneten Sie den Teig, bis er vom Rand der Schüssel kommt. Abdecken und 30 Minuten an einem warmen Ort gehen lassen.

Mischen Sie das weiche Fett und Zwiebelsuppenpulver gut. Den Teig in ein Rechteck ausrollen. 50x30cm. Mit der Zwiebelsuppenbutter bestreichen und von der schmalen Seite aufrollen. Decken Sie das Backblech mit Backpapier ab. Schneiden Sie die Teigrolle der Länge nach und legen Sie beide Hälften mit der Schnittfläche nach oben auf das Backblech. Weitere 20 Minuten gehen lassen.

Den Backofen auf 200 Grad vorheizen und das Brot ca. 25 Minuten backen.

Heiß oder kalt mit Kräuterbutter oder einfach so mit Suppe servieren. Das Brot ist leicht einzufrieren und wieder zu backen.

RYE BUTTERMILK BROT

Portionen: 1

ZUTATEN

- 20 g   Hefe, frisch
- 500 g   Buttermilch, lauwarm
- 200 g   Lauwarmes Wasser
- 650 g   Roggenmehl Typ 1150
- 165 g   Weizenmehl Typ 550
- 20 g   Salz-

VORBEREITUNG

Mischen Sie die Hefe mit der lauwarmen Buttermilch und dem Wasser für ca. 5 Minuten. Die restlichen Zutaten hinzufügen, mischen und lange mit dem Mixer kneten. Decken Sie den Teig ab und lassen Sie ihn 1 Stunde ruhen, bis er sich verdoppelt hat.

Gießen Sie etwas Sonnenblumen- oder Rapsöl in Ihre Handflächen und schneiden Sie den Teig entweder in zwei Hälften oder kneten Sie ihn 10 Mal ganz auf einer bemehlten Arbeitsfläche. Die Brote formen und 30 Minuten auf dem Backblech mit Backpapier im kalten Ofen gehen lassen. Dann bei 200 Grad auf dem untersten Rost ca. 1 Stunde backen. Machen Sie den Kochtest. Wenn das Brot hohl klingt, ist es fertig. Tippen Sie dazu auf die Unterseite.

LAIB

Portionen: 1

ZUTATEN

- 150 g   Roggenmehl Typ 1370
- 350 g   Weizenmehl Typ 550
- 500 g   Weizenmehl Typ 1050 oder 1200
- 800 g   Wasser
- 10 g   Hefe, frisch
- 20 g   Salz-

VORBEREITUNG

Mehl mischen.

Mischen Sie 200 g Wasser mit der Hefe und etwas Mehl, um einen Vor-Teig zu machen, und lassen Sie ihn 2 Stunden lang gären.

Kneten Sie den Vor-Teig mit allen anderen Zutaten zu einem weichen Teig und lassen Sie ihn 1,5 Stunden lang gären. Den Teig alle 30 Minuten einrühren.

Den Backofen auf 240 Grad vorheizen.

Nach der Gärzeit den Teig in 2 gleiche Stücke teilen und locker mit Mehl rollen. Legen Sie die Brote auf ein Backblech und legen Sie sie in den heißen Ofen. 10 Minuten bei 240 ° C backen, dann den Herd auf 200 Grad herunterdrehen und das Brot in weiteren 50 Minuten backen.

VIENNESISCHES BROT

Portionen: 1

ZUTATEN

- 750 g   Weizenmehl Typ 550
- 3 TL   Salz-
- ½ Würfel   Hefe oder 1 Päckchen Trockenhefe
- ¼ Liter   Wasser, lauwarm
- 200 ml Milch, lauwarm
- Mehl zum Kneten

VORBEREITUNG

Sieben Sie das Mehl mit dem Salz in eine große Schüssel, zerbröckeln oder streuen Sie die Hefe darüber und mischen Sie es mit dem Mehl. Wasser und Milch in die Mehlmischung kneten, bis der Teig aus der Schüssel kommt.

Zu einer Kugel formen und auf einer bemehlten Arbeitsfläche fest kneten (Küchenmaschine funktioniert auch), bis der Teig nicht mehr klebt, sondern fest und biegsam ist und Blasen zeigt.

Legen Sie den Teigball in die mit Mehl bestreute Schüssel auf den Boden, schieben Sie eine Plastiktüte darüber und lassen Sie ihn ca. 45 Minuten, bis sich die Größe verdoppelt hat.

Den Teig erneut kneten, in eine mit Backpapier ausgelegte Laibpfanne legen, mit einem Küchentuch abdecken und weitere 30 Minuten gehen lassen. Mit lauwarmem Wasser bestreichen, mehrmals mit einem scharfen Messer oder einer Schere diagonal schneiden.

Den Backofen auf 250 ° C vorheizen. Eine ofenfeste Schüssel mit kochendem Wasser in den Backofen stellen. Auf der 2. Gleitstange von unten backen: 10 Minuten bei 250 ° C (Heißluft: 200 ° C), dann 35 Minuten bei 200 ° C (Heißluft 160 ° C)

Mit dem Teig können Sie auch Brötchen formen (ca. 50 g Gewicht). Legen Sie diese 5 cm voneinander entfernt auf ein mit Backpapier ausgelegtes Backblech und drücken Sie es leicht flach. Mit einem Küchentuch abdecken und ca. 20 Minuten. Bei 200 ° C (Heißluft: 160 ° C) 20 Minuten auf der 2. Gleitstange von oben backen.

TÜRKISCHES BROT

Portionen: 12

ZUTATEN

- 25 g   Hefe
- 3 dl Wasser, lauwarm
- 1 EL   Zucker
- 1 Teelöffel   Salz-
- 3 EL   Öl
- 2 Eier)
- 500 g   Mehl
- 1 dl Joghurt
- 1 Teelöffel Oregano

- 100 g Käse, gerieben

VORBEREITUNG

Die Hefe im Wasser auflösen. Zucker, Salz, 2 Esslöffel Öl und das Ei untermischen und gut umrühren. Fügen Sie nach und nach das Mehl hinzu und kneten Sie den Teig gründlich, bis er nicht mehr klebt. Mit einem feuchten Tuch abdecken und eine Stunde gehen lassen.

Heizen Sie den Ofen auf 200 ° C und machen Sie währenddessen die Joghurtsauce. Ei, Joghurt und 1 Esslöffel Öl mischen und mit Oregano würzen.

Teilen Sie den Teig in 12 Portionen und formen Sie ihn zu sehr flachen Rollen (dünner als ein Finger). Mit der Joghurtmischung bestreichen und mit Käse bestreuen.

Im Ofen im obersten Regal ca. 12-15 Minuten backen.

Köstlich - lecker - Brot

Portionen: 1

ZUTATEN

- 650 g   Mehl (Weizenmehl Typ 405)
- 350 g   Mehl (Weizenmehl Typ 1050, dunkel)
- 1 Würfel   Hefe
- 1 EL   Salz-
- 650 ml Wasser, lauwarm

VORBEREITUNG

Gesamtzeit ca. 1 Stunde 20 Minuten

Mischen Sie die beiden Mehlsorten, graben Sie einen Brunnen und zerbröckeln Sie die Hefe darin. Verteilen Sie das Salz am Rand. Gießen Sie ca. 500 ml lauwarmes Wasser über die Hefe in den Brunnen geben, umrühren und dann kräftig kneten. Fügen Sie nach und nach den Rest des Wassers hinzu. Der Teig darf nicht kleben (sonst gibt es zu viel Wasser, aber Sie können ihn mit etwas Mehl ausgleichen). Ich knete in meiner Küchenmaschine. Lassen Sie den Teig nun ca. 1 Stunde gehen.

Dann formen Sie daraus ein Brot auf einem bemehlten Küchentuch. Den Backofen auf 225 ° C vorheizen. Wenn der Backofen heiß ist, das Brot auf ein mit Pergament ausgekleidetes Backblech legen. 30 Minuten bei 225 ° C backen, dann weitere 30 Minuten bei 175 ° C.

Besonders gut ist das noch warme Brot mit Nutella.

NIEDRIGES KARBENBROT

Portionen: 1

ZUTATEN

- 500 g   Magerquark
- 6 ..   Eiergröße L.
- 1 Beutel   Backpulver
- 4 EL   Sonnenblumenkerne
- 4 EL   Leinsamen, auch gebrochen
- 100 g   Haferkleie
- 100 g   Dinkelkleie
- 100 g   Mandel (n), gemahlen
- 4 EL   Dinkelmehl

- 1 Teelöffel Salz

VORBEREITUNG

Quark, Eier und Salz mit dem Handmixer mischen. Fügen Sie nach und nach die restlichen Zutaten hinzu. Lassen Sie die Mischung etwa eine Stunde ruhen. Dann den Backofen auf 170 ° vorheizen.

Eine Springform mit Backpapier auslegen und den Teig in einem länglichen Stapel hinzufügen. Die Konsistenz des Teigs ist zu matschig, um ihn zu formen, aber er ist auch nicht wirklich flüssig.

In der Mitte des Ofens ca. 45 Minuten backen. Dann lasse ich das Brot bei geöffneter Ofentür abkühlen.

Tipp: Am besten schmeckt es, wenn die einzelnen Scheiben geröstet werden.

GANZKORN-KAROTTENBROT

Portionen: 1

ZUTATEN

- 500 g Mehl (Vollkornmehl)
- 2 Teelöffel   Trockenhefe oder eine äquivalente Menge frischer Hefe
- 1 TL, geebnet Salz-
- 1 EL   Honig, (wilder Honig)
- 2 EL   Balsamico Essig
- 400 ml Wasser (warm
- 150 g   Körner (Leinsamen, Sonnenblumenkerne)
- Je nach Geschmack reichen auch 2 m große Karotten, 1 1/2

VORBEREITUNG

Ich backe dieses Brot nach einem 3-minütigen Brotrezept, habe nur ein paar Dinge geändert, das Prinzip ist das gleiche.

Zuerst wird die Hefe in warmem Wasser gelöst und dann werden Honig, Salz, Essig und die Körner hinzugefügt. Wenn sich der Honig aufgelöst hat, fügen Sie das Mehl hinzu und kneten Sie das Ganze gut zusammen. Die Karotten schälen und sehr fein schneiden, damit sie schön saftig sind. Die Karotten zum Rest des Teigs geben und nochmals gut kneten. Wenn der Teig immer noch sehr klebrig ist, fügen Sie einfach mehr Mehl hinzu, bis der Teig gut knetet und nicht mehr klebt.

Eine Laibpfanne mit Butter oder Margarine einfetten und den Teig hinzufügen. Jetzt muss alles nur noch bei 200 ° C in den Ofen gestellt werden (NICHT VORHEIZEN!). Für 60 Minuten. Ich habe immer noch eine kleine Schüssel Wasser in den Ofen gestellt, es gibt eine schöne knusprige Kruste. Nehmen Sie das Brot nach 60 Minuten aus dem Ofen und nehmen Sie es aus der Form. Lassen Sie es auf einem Rost abkühlen.

Es schmeckt besonders gut mit Butter / Margarine, wenn es noch lauwarm ist

GLUTENFREIES HAZELNUSSBROT

Portionen: 1

ZUTATEN

- 400 g   Mehl, glutenfrei, leicht
- 100 g   Gemahlene Haselnüsse
- 1 Teelöffel Salz
- 1 Würfel   Hefe, frisch
- 360 ml Wasser, lauwarm
- 1 EL   Rapsöl
- 1 Handvoll Haselnüsse, ganz

Vorbereitung

Mehl, Haselnüsse und Salz in einer Schüssel mischen. Die Hefe in warmem Wasser auflösen und zusammen mit dem Öl zum Mehl geben. Alles in der Küchenmaschine gut kneten lassen. Zum Schluss die ganzen Nüsse einkneten.

Eine Laibpfanne einfetten und den Teig mit einem feuchten Löffel einfüllen. Nun den Teig mit etwas Öl bestreichen und mit einem Stück Frischhaltefolie abdecken, das ebenfalls geölt ist. Lassen Sie den Teig in der Küche aufgehen, bis er den Rand der Pfanne erreicht.

Den Backofen auf 230 Grad Umluft vorheizen. Backen Sie das Brot 10 Minuten lang und stellen Sie dann die Temperatur auf 200 Grad ein. Bei dieser Temperatur 20 Minuten backen, das Brot mit Öl bestreichen und weitere 10 Minuten backen.

HAUSGEBACKENES BROT

Portionen:

ZUTATEN

- 800 g Weizenmehl Typ 550
- 200 g Vollkornmehl
- 1 EL Zucker
- 1 Würfel Hefe (42 g)
- 1 EL Salz-
- 700 ml Wasser bis zu 750 ml

VORBEREITUNG

Mischen Sie beide Mehlsorten mit Zucker und machen Sie einen Brunnen. Die Hefe im Salzwasser auflösen. In den Brunnen gießen. Mischen Sie die Mischung sorgfältig und verarbeiten Sie sie mit Ihren Händen zu einem glatten Teig. Den Teig in eine Brotform oder in eine Schüssel geben und ca. 1 1/2 Stunden in warmes (nicht kochendes) Wasser legen.

Es kann auch abgedeckt und ohne Zug an einem warmen Ort abgedeckt werden. Der Teig muss mindestens doppelt so hoch sein.

Den Brotteig entweder mit der Form oder von Hand in den Ofen geben. Bei 200 ° ca. 1 Stunde backen.

Das Brot ist fertig, wenn es vom Rand der Form kommt oder schön braun ist. (Meine Freundin, die mir das Rezept gegeben hat, backt das Brot in dem Ultra Plus 5,0 l Auflauf von Tupperware. Sie füllt den Teig in die Form und legt ihn in warmes Wasser. Wenn der Teig den Rand der Form erreicht hat, legt sie ihn es ohne das Setzen Sie den Deckel in den Ofen. Auch hier ist das Brot fertig, wenn es vom Rand der Form kommt.)

Dinkel Walnussbrot

Portionen: 1

ZUTATEN

- 400 g Sauerteig (Dinkel-Sauerteig)
- 400 g Dinkelmehl Typ 1050
- 300 g Wasser
- 23 g   Salz-
- 100 g Haferflocken, gut
- 100 g Walnüsse
- Mehl, Wasser
- 1 EL   Sirup (Agavensirup) oder Honig
- Möglicherweise. Hefe, etwas mit jungem Sauerteig

VORBEREITUNG

Legen Sie die Walnüsse in eine Schüssel und gießen Sie kochendes Wasser darüber, lassen Sie sie 15 bis 20 Minuten stehen und gießen Sie dann das Wasser ab.

In der Zwischenzeit Sauerteig, Mehl, Salz, Haferflocken, Wasser (möglicherweise mehr, abhängig von der Festigkeit des Sauerteigs) und Agavensirup mischen und Walnüsse hinzufügen. Decken Sie nun den Teig ab und lassen Sie ihn aufgehen. Etwa 30 - 40 Minuten, bis sich das Volumen des Teigs verdoppelt hat. Dann das Brot formen und in einen Proofkorb oder ähnliches legen und wieder abdecken. Ca. 30 - 40 Minuten, bis der Teig wieder sichtbar aufgegangen ist.

Nun auf ein vorbereitetes Backblech legen, in eine Gitterform schneiden und 15 Minuten bei 250 ° C backen, nach 5 Minuten dieser Zeit dämpfen. Drehen Sie den Ofen auf 200 ° C und backen Sie weitere 30-45 Minuten (ich brauche etwas länger, eher wie das Brot, mein Ofen ist nicht gerade der neueste). Zwischendurch sprühe ich das Brot zweimal mit Wasser und nach dem Backen (frisch aus dem Ofen) wieder (ich benutze ein Blumensprühgerät).

ALTES RÖMISCHES BROT

Portionen: 1

ZUTATEN

- 500 g   Mehl (Vollkornmehl)
- 300 ml Wasser, lauwarm
- 4 EL   Honig
- 20 g Hefe (frische Hefe, ein halber Würfel)
- 1 Teelöffel Salz
- Zwiebel (n), fein gehackt

VORBEREITUNG

Mischen Sie alle Zutaten, zerbröckeln Sie die Hefe in die Mischung. In der Küchenmaschine oder von Hand zu einem Brotteig kneten. Zu einem Laib formen und an einem warmen Ort gehen lassen (möglicherweise in einem sehr schwach beheizten Ofen, ca. 20 Minuten). Dann die Oberseite des Laibs mit Honig bestreichen (ergibt eine große Kruste) und bei 45 Grad (Konvektion) etwa 45 Minuten backen (das Brot geht besser auf, wenn Sie eine flache Schüssel Wasser in den Ofen stellen).

Das Brotrezept wurde von den römischen Legionären im Krieg verwendet. Jeder erhielt eine bestimmte Mehlration, das Brot wurde dann mit anderen derzeit verfügbaren Zutaten variiert. Zusätzlich zur Zwiebelvariante habe ich auch Äpfel und Karotten hinzugefügt (Zwiebel weglassen). Der Fantasie sind keine Grenzen gesetzt. Kräuter, Pfeffer oder Lauch passen auch sehr gut.

LOW CARB CURD BROT

Portionen: 1

ZUTATEN

- 2 groß Eier)
- 500 g fettarmer Quark
- 300 g Mandel (n), gemahlen
- 50 g Chiasamen
- 5 g Backpulver
- 1 Teelöffel Flohsamen
- 1 Teelöffel Salz

VORBEREITUNG

Alle Zutaten mischen und etwa eine Stunde bei 180 Grad backen.

CIABATTA (1 GROSSES ODER 2 KLEINES BROT)

Portionen: 1

ZUTATEN

300 g   Mehl, 550 (oder 200 g 550 + 100 g Dampf)

130 ml Wasser, kalt

3 g   Hefe, frisch - in das Mehl zerbröckeln

2 g   Hefe, frisch

3 g   Gebackenes Malz oder 1/2 Teelöffel Honig

70 ml   Wasser, kalt

6 g   Salz-

VORBEREITUNG

300 g Mehl, 130 g Wasser und 3 g Hefe leicht kneten und zu einer Kugel formen (der Teig ist sehr fest), in eine ausreichend große Schüssel geben und 18-20 Stunden bei 18-22 ° C mit Folie abdecken.

Dann:

2 g Hefe, 3 g Backmalz oder ½ Teelöffel Honig in 70 g Wasser auflösen und langsam und allmählich zum Teig geben und kneten, damit der Teig die Flüssigkeit gut aufnehmen kann !!!

(Funktioniert sehr gut mit dem Handmixer mit Teighaken, meine Küchenmaschine mit Teighaken hatte einige Probleme, den festen Teig und das Wasser gut zu mischen.) Auflösen

6 g Salz in 15 g Wasser geben und zum Teig geben.

Kneten Sie nun den Teig mit der Küchenmaschine etwa 15 bis 20 Minuten lang, bis er sich vom Rand der Schüssel löst, und lassen Sie ihn dann in einer abgedeckten Schüssel * etwa 40 bis 60 Minuten lang gehen, bis er gut aufgegangen ist.

Lösen Sie den Teig vom Rand der Schüssel und legen Sie ihn auf eine bemehlte Oberfläche, vorzugsweise auf gut bemehltes Backpapier, da der Teig sehr weich und schwer zu transportieren ist.

Mehl auch die Oberfläche des Teigs und forme ihn ein wenig - knete den Teig nicht mehr! oder Teilen Sie den Teig mit einem Spatel in 2 Hälften und formen Sie ihn vorsichtig.

Mit einem Tuch abdecken und ca. 40-50 Minuten (je nach Temperatur), dann im vorgeheizten Backofen bei 250 ° mit Dampf backen.

7 Tage Brot

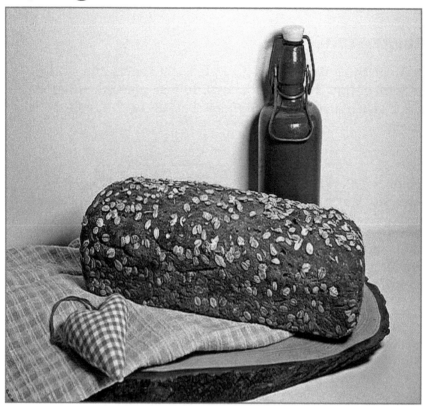

Portionen: 1

ZUTATEN

Für den Teig: (Gesamtvorteig)

- 1 Tasse Weizenmehl Typ 550
- 5 EL   Weizenmehl, gehäuft, Typ 550
- 2 Teelöffel   Trockenhefe
- 1 EL   Weizenmehl, gehäuft (Vollkorn)
- 1 Tasse Wasser, lauwarm
- Für den Teig: (Hauptteig)
- 3 Tasse / n   Weizenmehl Typ 550
- ½ Tasse   Weizenmehl (Vollkorn)
- 1 EL   Trockenhefe

- 1 EL   Zucker
- 1 EL   Salz-
- 1 Tasse Wasser, lauwarm

VORBEREITUNG

Die Tasse sollte ein Volumen von 150 g haben

Mischen Sie 1 Tasse Weizenmehl Typ 550 mit 2 Teelöffeln Trockenhefe und fügen Sie 1 Tasse lauwarmes Wasser hinzu. Alles gut mischen und die Schüssel mit dem entsprechenden Deckel fest verschließen. Abends 1 gehäuften Esslöffel Mehl Typ 550 in den Teig einrühren.

1 gehäuften Esslöffel Mehl Typ 550 morgens und 2 gehäufte Esslöffel Mehl Typ 550 abends einrühren.

Morgens 1 gehäuften Esslöffel Vollkornmehl und abends 1 gehäuften Esslöffel Mehl Typ 550 einrühren.

Rühren Sie den Vor-Teig nur einmal am Tag um und stellen Sie ihn am Abend des 5. Tages in den Kühlschrank, wo er am 6. Tag bleiben kann.

Mischen Sie in einer großen Schüssel 3 Tassen Mehl vom Typ 550, 1/2 Tasse Vollkornmehl und 1 Esslöffel Trockenhefe mit Salz und Zucker. Den Vor-Teig zu den trockenen Zutaten geben (bitte vorher umrühren!) Und 1 Tasse lauwarmes Wasser und alles gut kneten, um einen glatten Teig zu bilden. 30 Minuten an einem warmen Ort gehen lassen.

Dann kurz und nur leicht auf eine bemehlte Arbeitsfläche formen, den Laib auf ein vorbereitetes Blatt legen oder in eine Form geben. Während der Ofen auf 200 ° heizt, kann das Brot etwas mehr aufgehen.

Die Backzeit des Brotes beträgt ca. 30 - 40 Minuten. Dann lassen Sie das Brot auf einem Küchenregal abkühlen.

5 - KORN - FLOCKEN - BROT

Portionen: 1

ZUTATEN

- 400 g Teig (Roggensauerteig) und 100 g 5-Korn-Flocken
- 85 ml Wasser zum Einweichen der Flocken
- 225 g Mehl (Roggenmehl)
- 125 g Mehl (Weizenmehl)
- 200 ml Wasser, lauwarm
- 1 EL. Salz und möglicherweise 2 Esslöffel Backmalz
- 80 g Sesam oder andere Samen, wie Sie möchten

VORBEREITUNG

Die Flocken einweichen und ca. 10 Minuten stehen lassen. Bereiten Sie dann aus allen Zutaten einen relativ weichen Brotteig vor und lassen Sie ihn ca. 20 Minuten ruhen.

Den Teig wieder gut kneten und in ein mit Samen bestreutes Brot oder eine Kastenform gießen. Wenn Sie möchten, mit Samen bestreuen und 1,5 bis 2 Stunden gehen lassen.

Bei 175 ° C oben und unten ca. 90 Minuten backen

CRISP RYE CRACKERS

Portionen: 1

ZUTATEN

- 1 Würfel   Hefe
- 450 ml Wasser, lauwarm
- 500 g Mehl (Dinkel- oder Vollkornmehl)
- 50 g Sonnenblumenkerne
- 50 g Sesam
- 50 g Leinsamen
- 2 Teelöffel   Salz-
- 2 EL Essig (Obstessig) oder Brotgetränk
- Fett für die Form

VORBEREITUNG

Mischen Sie die Hefe mit dem Wasser. Alle anderen Zutaten hinzufügen und gut verarbeiten. In eine gefettete Schüssel geben und in den kalten Ofen stellen. Lass das Brot nicht aufgehen. 60 Minuten bei 200 ° C oder 50 Minuten bei 170 ° C heißer Luft backen.

Nehmen Sie das Brot aus der Form und backen Sie es bei Bedarf 10 Minuten lang. Getreide kann weggelassen oder ersetzt werden (Rosinen, Mandeln, Nüsse). Sie können auch Trockenhefe verwenden.

THURGAU SEEKONSTANZ - BROT

Portionen: 1

ZUTATEN

- 100 g Weizenmehl, leicht
- 100 g Wasser
- 20 g Sauerteigansatz (Weizensauer)
- 100 g Weizenmehl, leicht
- 100 g Wasser
- 2 g Hefe, bis zu 3 g
- 50 g Dinkelflocken
- 50 g Wasser (warm
- 250 g Weizenmehl, leicht

- 100 g   Dinkelmehl, leicht
- 50 g   Roggenmehl (Vollkorn)
- 12 g   Salz-
- 12 g   Malz oder Honig backen
- 180 g   Buttermilch

VORBEREITUNG

Sauerteig:

100 g leichtes Weizenmehl

100 g Wasser

20 g Weizen sauer

Alles mischen und 18 bis 20 Stunden bei Raumtemperatur reifen lassen. Vor-

Teig:

100 g leichtes Weizenmehl

100 g Wasser

2-3 g Hefe

Alles mischen und 18 bis 20 Stunden bei Raumtemperatur reifen lassen.

Schwellendes Stück:

50g Dinkel

Flocken 50 g Wasser

Gießen Sie die Dinkelflocken mit warmem Wasser über und bedecken Sie sie über Nacht.

Brotteig:

Weizensauerteig

Vorteig

Schwellung

250 g leichtes Weizenmehl

100 g leichtes Dinkelmehl

50 g Roggenmehl

12 g Salz

12g Backmalz oder Honig

Mischen Sie etwa 180 g Buttermilch und kneten Sie für 8-10 Minuten, um einen glatten Teig zu bilden.

Den Teig ca. 30 Minuten, dann in eine runde Form und mit dem Ende nach unten arbeiten! In einen gut bemehlten Proofkorb legen, 80-100min. Lass los.

Den Backofen mit dem Backstein auf 250 Grad vorheizen (obere und untere Hitze).

Kippen Sie den Brotteig aus dem Proofkorb auf den Backstein (entfernen Sie dazu schnell den Backstein aus dem Ofen), schieben Sie ihn zurück in den Ofen (2. Riegel von unten) und dämpfen Sie ihn kräftig.

Nach ca. 10 Minuten (Dampf ablassen) die Temperatur auf 200 Grad reduzieren.

Backzeit 45-50

Protokoll. Verleiht dem unteren Ende ein sehr rustikales Aussehen und schneidet nicht hinein.

Eingewickelt in ein Leinentuch bleibt es lange frisch und saftig!

KARTOFFEL - OLIVEN - BROT

Portionen: 1

ZUTATEN

- 1 kg   Mehl
- 1 EL   Salz-
- 1 EL   Zucker
- 2 pck. Trockenhefe
- 200 g   Kartoffelpüree
- 1 ¼ Liter lauwarmes Wasser
- 1 Glas Oliven, grün ohne Steine
- 1 Glas Oliven, schwarz ohne Stein
- 1 Glas Tomate (n), getrocknet

- Olivenöl
- Kräuter, italienisch getrocknet (Oregano, Thymian, Basilikum usw.)
- Kernel, (Sesam etc.)
- Möglicherweise. Scharfe Pepperoni

VORBEREITUNG

Mischen Sie die ersten 6 Zutaten mit dem Elektromixer (Teighaken). Über Nacht in den Kühlschrank stellen und abdecken.

Am nächsten Tag auf einem Backblech verteilen und die fein gehackten Oliven und Tomaten (Peperoni, wenn Sie möchten) darauf verteilen oder tief in den Teig drücken. Mit Olivenöl bestreichen, mit Kräutern und Samen bestreuen.

15 Minuten bei 200 Grad und weitere 25 Minuten bei 175 Grad backen.

Perfektes Brot für verschiedene Dips, die auf keiner Party fehlen sollten!

FAZIT

Die Brotdiät gilt allgemein als für den täglichen Gebrauch geeignet. Weil keine wesentlichen Änderungen vorgenommen werden müssen. Die 5 Mahlzeiten pro Tag müssen jedoch eingehalten werden, damit die Fettverbrennung in Gang gesetzt werden kann. Daher ist auch die Prognose für die Ausdauer recht gut. Die Brotdiät kann ohne zu zögern mehrere Wochen durchgeführt werden. Die Notwendigkeit, Kalorien zu zählen, erfordert eine sorgfältige Planung der Mahlzeiten. Die Brotdiät ist jedoch nicht einseitig - schon allein dadurch, dass das Mittagessen normal gegessen wird. Die Brotdiät ist nur für Benutzer, die sich Zeit für Frühstück und andere Mahlzeiten nehmen können. Weil das Essen gut gekaut werden sollte.

Was ist erlaubt, was ist verboten

Es ist nicht gestattet, während der Brotdiät dicke Butter auf Brot zu streichen. Aber es ist besser, ganz auf Butter oder Margarine zu verzichten. Der Belag sollte auch nicht zu dick sein. Eine Scheibe Wurst oder Käse pro Brot muss ausreichen. Sie sollten während der Brotdiät 2 bis 3 Liter trinken, nämlich Wasser, Tee oder zuckerfreie Fruchtsäfte.

SPORT - NOTWENDIG?

Bewegung oder regelmäßiger Sport stehen nicht im Mittelpunkt einer Brotdiät. Aber es ist nicht schädlich, den Sport wie zuvor zu betreiben

Ähnliche Diäten

Wie bei der Kohldiät, dem Kohl oder bei der Saftdiät verschiedene Säfte, konzentriert sich die Brotdiät auf das Lebensmittelbrot.

Kosten der Ernährung

Zusätzliche Kosten als die für den normalen Lebensmitteleinkauf aufgewendeten müssen bei der Brotdiät nicht erwartet werden. Vollkornbrot kostet etwas mehr als Weißmehlbrot. Aber die Unterschiede sind nicht so groß. Es besteht auch keine Notwendigkeit, Bio-Produkte separat zu kaufen. Genau wie bei den anderen Einkäufen müssen Sie nur auf die Frische der Ware achten.

WAS ERLAUBT IST, WAS VERBOTEN IST

Es ist nicht gestattet, während der Brotdiät dicke Butter auf Brot zu streichen. Aber es ist besser, ganz auf Butter oder Margarine zu verzichten. Der Belag sollte auch nicht zu dick sein. Eine Scheibe Wurst oder Käse pro Brot muss ausreichen. Sie sollten während der Brotdiät 2 bis 3 Liter trinken, nämlich Wasser, Tee oder zuckerfreie Fruchtsäfte.

Die empfohlene Dauer der Brotdiät beträgt vier Wochen. Es ist aber auch möglich, es zu erweitern. Sie sollten ungefähr zwei Pfund pro Woche verlieren.

Die Tagesrationen bestehen aus fünf Mahlzeiten. Diese müssen auch eingehalten werden, um Hungergefühle zu vermeiden.

Darüber hinaus kann der Organismus auf diese Weise die wertvollen Nährstoffe optimal nutzen. Es ist auch wichtig, viel zu trinken.

Durch die ausgewogene Lebensmittelversorgung kann Brotdiät bei entsprechender Kalorienzufuhr auch für die ganze Familie durchgeführt werden. Gleichzeitig hat es auch den Vorteil, dass arbeitende Menschen es auch leicht nutzen können; Die meisten Mahlzeiten können zubereitet und dann weggenommen werden.

Bei konsequenter Durchführung kann ein Gewichtsverlust von 2-3 Pfund pro Woche erreicht werden. Letztendlich zielt die Brotdiät auf eine Ernährungsumstellung hin zu Obst und Gemüse und gesunden Kohlenhydraten sowie weg von Fleisch und Fett. Die hohe Menge an Ballaststoffen führt zu einem lang anhaltenden Sättigungsgefühl.

Brotbacken für Anfänger

Eine einfache Anleitung mit mehr als 50 Brotrezepten, die Sie zu Hause zubereiten können

Andrew Wagner

Alle Rechte vorbehalten.

Haftungsausschluss

EINFÜHRUNG

Brot ist ein traditionelles, bekanntes Lebensmittel, das in unseren Breiten lange vor Kartoffeln, Reis oder Nudeln existierte. Da Brot nicht nur Energie liefert, sondern auch Vitamine, Mineralien und Spurenelemente, ist das Produkt als Grundlage einer Diät prädestiniert.

Brot als Diätbasis Brot als Diätbasis

Die Brotdiät wurde 1976 an der Universität Gießen entwickelt. Seitdem wurden einige Änderungen vorgenommen, die sich jedoch nur in Nuancen voneinander unterscheiden. Grundlage der Brotdiät ist das kohlenhydratreiche Lebensmittelbrot.

Brot wird aus Getreide hergestellt, daher kann das Brot je nach Art und Verarbeitung des Getreides unterschiedlich sein. Produkte mit einem hohen Vollkorngehalt werden in der Brotdiät bevorzugt. Solche Brote zeichnen sich durch einen hohen Gehalt an Spurenelementen und Mineralien aus, sie enthalten auch Ballaststoffe. Stark verarbeitetes Weißbrot ist in der Brotdiät nicht verboten, sondern sollte nur in geringen Mengen verzehrt werden.

WIE FUNKTIONIERT DIE BROT-DIÄT?

Die Brotdiät ist im Grunde eine Diät, die die Aufnahme von Kalorien reduziert. Die Gesamtenergiemenge für den Tag wird in der Brotdiät auf 1200 bis 1400 Kalorien reduziert. Mit Ausnahme einer kleinen warmen Mahlzeit aus Getreideprodukten werden diese Kalorien nur in Form von Brot geliefert.

Dies muss kein trockenes Fleisch, fettarmer Quark mit Kräutern oder Gemüsestreifen sein. Der Vorstellungskraft sind kaum Grenzen gesetzt, was die Vielzahl der Rezepte für die Brotdiät erklärt. Die Getränke in der Brotdiät enthalten Wasser und Tee ohne Zucker. Zusätzlich wird vor jeder Mahlzeit ein Brotgetränk eingenommen, um die Verdauung zu unterstützen und das Immunsystem zu stimulieren.

VORTEILE DER BROTDIÄT

Wenn beim Einlegen der Sandwiches keine Selbsttäuschung begangen wird, ist ein Vorteil der Brotdiät, wie bei den meisten kalorienarmen Diäten, der schnelle Erfolg. Aber die Brotdiät hat andere echte Vorteile gegenüber anderen Diäten. Die Ernährung kann sehr ausgewogen gestaltet werden, so dass keine Mangelerscheinungen zu erwarten sind.

Grundsätzlich kann eine Brotdiät daher auch über einen langen Zeitraum durchgeführt werden, ohne dass gesundheitsschädliche Auswirkungen zu erwarten sind. Ein weiterer Vorteil ist die Leichtigkeit, mit der die Diät durchgeführt werden kann. Der größte Teil der Mahlzeit ist kalt und

kann zubereitet werden. Infolgedessen kann sogar eine arbeitende Person

die Diät leicht durchführen, indem sie das mitgebrachte Brot isst, anstatt

in der Kantine zu essen.

NACHTEILE DER BROTDIÄT

Die Brotdiät weist aufgrund ihrer Zusammensetzung keine besonderen

Nachteile auf. Wenn die Brotdiät jedoch nur vorübergehend

durchgeführt und dann zum vorherigen Lebensstil zurückgeführt wird,

tritt der gefürchtete Jojo-Effekt auch bei der Brotdiät auf. Während der

Hungerphase während der Diät nahm der Grundumsatz des Körpers ab.

Nach dem Ende der Diät tritt die Gewichtszunahme daher schnell und

gewöhnlich auf einem höheren Niveau als vor dem Beginn der Diät auf.

GLUTENFREIES BROT

Portionen: 1

ZUTATEN

- 250 g   Mehl, dunkel, glutenfrei
- 150 g   Mehl, leicht, glutenfrei
- 100 g   Buchweizenmehl
- 1 Würfel   Hefe, frisch
- 1 ½ TL Salz-
- 430 ml Wasser (warm
- 1 ½ EL Chia-Samen
- 2 Teelöffel \ Apfelessig

VORBEREITUNG

Die frische Hefe in warmem Wasser auflösen.

Mischen Sie 500 g glutenfreies Mehl - ich verwende die Mischung oft wie oben angegeben - mit Salz, Essig, Chiasamen und der Hefe-Wasser-Mischung mit einem Holzlöffel, damit kein Mehl mehr sichtbar ist.

Decken Sie die Schüssel gut ab und lassen Sie sie mindestens 12 Stunden bis zu 5 Tage, möglicherweise länger, im Kühlschrank stehen.

Sie können backen, wann immer Sie Lust dazu haben und Zeit haben. Nehmen Sie den Teig mindestens 2 - 3 Stunden vor dem Backen aus dem Kühlschrank und rühren Sie ihn nicht erneut um, damit die Struktur nicht zerstört wird. In eine geölte rechteckige Kuchenform gießen und abdecken und an einem warmen Ort stehen lassen.

Den Backofen nicht vorheizen. Bei 200 ° C oben und unten ca. 60 Minuten backen. Aus der Form nehmen und weitere 10-15 Minuten backen. Wenden Sie einen Klopftest an.

Tipp: Dies ist ein flexibles Rezept, mögliche Variationen mit Brotgewürzen, Getreide, Samen, Karotten und Kräutern.

BERLIN BROT - GRANDMA'S REZEPT

Portionen: 10

ZUTATEN

- 500 g Mehl
- 5 EL   Öl
- 3 EL   Kakaopulver
- ¼ Liter Milch
- 350 g Zucker
- 1 Teelöffel Zimt
- 2 Teelöffel   Backpulver
- 400 g   Haselnüsse, ganz

VORBEREITUNG

Mischen Sie die trockenen Zutaten, geben Sie das Öl in die Milch und mischen Sie sie mit den trockenen Zutaten, um einen glatten Teig zu bilden (der etwas zäh sein kann). Auf einem gefetteten Backblech verteilen, die Haselnüsse darauf verteilen und in den Teig drücken. Bei 160 - 170 Grad ca. 40 Minuten backen, es kann leicht braun werden!

Aus dem Tablett nehmen und sofort in die gewünschte Größe schneiden, zB Keksgröße.

Tipp: Wenn es Ihnen gefällt, verteilen Sie nur etwa 2/3 eines Backblechs, dann wird das Ganze etwas dicker.

Stuten nach 3 Minuten - Brotrezept

Portionen: 1

ZUTATEN

- 450 ml Milch
- 500 g   Mehl (Weizenmehl)
- 1 Würfel   Hefe
- 2 EL   Zucker
- 2 Preise Salz-
- 2 EL   Essig
- 100 g   Rosinen
- 100 g   Schokolade in Stücken

VORBEREITUNG

Mischen Sie die Hefe mit der warmen Milch. Alle anderen Zutaten
hinzufügen und gut verarbeiten. In eine gefettete Schüssel geben und in

den kalten Ofen stellen. Nach 10 Minuten längs schneiden. Nach 40 Minuten mit Milch oder Eigelb bestreichen.

BAKING BROT - DAS MEISTERWERK

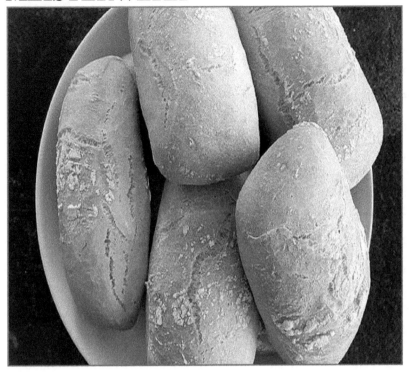

Portionen: 4

ZUTATEN

- 90 g Vollkornmehl
- 60 g Weizenmehl Typ 550
- 150 g Wasser
- 1 ½ g frische Hefe
- 60 g Roggenmehl Typ 997
- 60 g Wasser
- 1 g Salz
- 12 g Hefe
- 60 g Weizenmehl Typ 550
- 50 g Wasser

- 6 g Hefe
- 240 g Weizenmehl Typ 550
- 150 g Wasser
- 90 g Dinkelmehl Typ 630
- 12 g Salz
- 12 g Olivenöl
- 50 g Wasser

VORBEREITUNG

Vorteig

Für den Vor-Teig alle Zutaten mischen (90 g Vollkornmehl, 60 g Weizenmehl (Typ 550), 150 g Wasser (20 Grad Celsius) und 1,5 g frische Hefe). Dann zwei Stunden bei Raumtemperatur und weitere 22 bis 24 Stunden bei 5 Grad Celsius reifen lassen. Roggen

Sauerteig

Für den Roggensauerteig alle Zutaten (60 g Roggenmehl (Typ 997), 60 g Wasser (45 Grad Celsius), 1 g Salz und 12 g Starterartikel) mischen und 12-16 Stunden bei Raumtemperatur reifen lassen.

Weizensauerteig

Für den Weizensauerteig alle Zutaten (60 g Weizenmehl (Typ 550), 50 g Wasser (45 Grad Celsius) und 6 g Krüge) mischen und 6-8 Stunden bei 26-28 Grad Celsius reifen lassen. Dann 6-12 Stunden bei 5 Grad Celsius lagern.

Autolyseteig

Für den Autolyseteig 240 g Weizenmehl (Typ 550) und 150 g Wasser (65 Grad Celsius) mischen und 60 Minuten ruhen lassen (Teigtemperatur ca. 35 Grad Celsius).

Main

Teig Für den Hauptteig den Vorteig, Roggensauerteig, Weizensauerteig, Autolyseteig zusammen mit 90 g Dinkelmehl (Typ 630), 12 g Salz, 12 g Olivenöl und 50 g Wasser (100 Grad Celsius) für 5 Minuten Bei der niedrigsten Einstellung und weiteren 5 Minuten in der zweiten Stufe kneten, bis die Teigtemperatur etwa 26 Grad Celsius beträgt. Gießen Sie das heiße Wasser nicht langsam ein, bis Sie die anderen Zutaten ein wenig gemischt haben.

Lassen Sie den Teig 60 Minuten bei Raumtemperatur reifen. Nach 30 Minuten dehnen und falten.

Den Teig vorsichtig umrunden und mit dem Ende nach unten in einen mit Reis- oder Kartoffelmehl bemehlten Proofkorb legen. Mit Folie abdecken und 8-10 Stunden bei 5 Grad Celsius reifen lassen.

Brot backen

Mit nur wenig Kochen und einem Temperaturanstieg von 250 Grad Celsius auf 230 Grad Celsius (nach 10 Minuten Herunterschalten) 50 Minuten in der Pfanne backen.

BROTROLLEN WIE AUS DER BÄCKEREI

Portionen: 1

ZUTATEN

- 500 g Mehl
- 350 ml Wasser
- 1 Würfel   Hefe
- 1 ½ TL Salz-

VORBEREITUNG

Alles in den Brotbackautomaten geben oder wie gewohnt einen Hefeteig machen - ca. 90 Minuten. Dann Brötchen formen und dann einfach in einem vorgeheizten Ofen bei 220 Grad etwa 20-25 Minuten backen.

Vor dem Backen mit Sesam oder Mohn bestreuen.

Für ca. 9 - 12 Rollen, je nach gewünschter Größe.

KARTOFFELKUCHEN - KANN AUCH GLUTENFREI GEBACKEN WERDEN

Portionen: 1

ZUTATEN

- 300 g   Kartoffel (n), gekocht, durch die Presse gepresst
- 1 Würfel   Hefe
- 1 Teelöffel Salz
- 300 ml Wasser, lauwarm
- 1 Prise Zucker
- 500 g   Weizenmehl, Vollkorn oder
- Mehl, glutenfrei
- 1 Teelöffel Majoran
- 150 g   Schinken, gewürfelt
- 6 EL   Kürbiskerne, möglicherweise mehr

- n. B. Brotgewürzmischung
- Wasser zum Bürsten
- Möglicherweise. Eigelb zum Bürsten

VORBEREITUNG

Hefe und Zucker im Wasser auflösen, 10 Minuten gehen lassen. Mehl mit Salz und Majoran mischen. Fügen Sie die gepressten Kartoffeln und die Hefe hinzu, kneten Sie sie gründlich und lassen Sie sie gut gehen (das Volumen sollte sich ungefähr verdoppeln).

4 Esslöffel Kürbiskerne grob hacken und zusammen mit den Schinkenwürfeln in den Teig kneten. Formen Sie eine Teigkugel und legen Sie sie in eine Form (ich verwende gerne Tupper's Ultra). Die Oberfläche mit Wasser oder einer Mischung aus Wasser und Eigelb bestreichen, mit den restlichen Samen bestreuen (leicht drücken). Ich verwende auch gerne noch ein paar Samen für den Teig.

15 Minuten gehen lassen. Bei 200 ° C (Heißluftofen 180 ° C) ca. 60 Minuten backen.

Wenn Sie das Brot glutenfrei backen möchten: Sie benötigen nicht mehr Flüssigkeit als angegeben, da sonst der Teig zu schwer und das Brot klebrig wird.

BROTROLLEN WIE AUS DER BÄCKEREI

Portionen: 4

ZUTATEN

- 333 g   Mehlsorte 405
- 125 ml Wasser
- 100 ml Milch
- 7 g Trockenhefe
- 1 EL   Zucker
- 1 Teelöffel gehäuftes Salz

VORBEREITUNG

Alle Zutaten gut mischen und den Teig ca. 1 Stunde bei Raumtemperatur gehen lassen. Den Teig zu Brötchen formen und auf ein vorbereitetes Backblech legen.

Lassen Sie die Brötchen in einem heißen Ofen bei 190 ° C etwa 15 Minuten lang leicht bräunen und fügen Sie gegebenenfalls einen Schlüssel Wasser hinzu. Stellen Sie den Ofen dann kurz auf ca. 200 ° C und backen Sie die Brötchen ca. 5 Minuten, bis sie die gewünschte braune Farbe erreicht haben.

MANNIS MISCHTE WEIZENBROT

Portionen: 6

ZUTATEN

- 400 g   Roggenmehl, Typ 1150, alternativ 997
- 600 g   Weizenmehl Typ 550
- 680 ml Wasser, ca. 38 Grad warm
- 42 g Hefe, frisch
- 75 g Sauerteig
- 17 g Jodsalz
- 15 g Zucker
- 50 g Margarine

VORBEREITUNG

Alle Zutaten mit der Knetmaschine zu einem Teig kneten.

Die Knetzeit sollte mindestens 4-6 Minuten betragen, damit der Teig schön glatt ist und gute Klebeeigenschaften entwickelt.

Stellen Sie sicher, dass der Teig nicht zu weich wird, wenn Sie den Teig nicht in einer Form backen möchten. Lassen Sie den Teig ca. 15 Minuten gehen und formen Sie ihn dann zu einer Rolle.

Legen Sie den Nudelholz mit Pergamentpapier auf ein Backblech und bestreuen Sie es mit Wasser. Heizen Sie den Ofen zuerst auf 50 Grad und lassen Sie den Teig etwa 20 bis 30 Minuten im Ofen gären.

Ab und zu mit Wasser besprühen.

Wenn der Nudelholz das gewünschte Volumen erreicht hat, nehmen Sie ihn aus dem Ofen. Heizen Sie den Ofen auf 250 Grad und drehen Sie die Temperatur auf 210 Grad herunter und stellen Sie das Tablett mit dem Brot in den Ofen. Gießen Sie nun 1/4 Tasse kaltes Wasser auf den Boden des Ofens und schließen Sie die Ofentür. Öffnen Sie die Tür kurz nach ca. 3 Minuten, damit der Dampf abgezogen werden kann.

Persönlich bearbeite ich den Teig zu einer Kugel und lege ihn in einen bemehlten Prüfkorb. Wenn das Teigvolumen oben angekommen ist, lege ich ein Backblech auf den Proofkorb und drehe das Ganze so, dass der Teig jetzt auf dem Backblech liegt. Lassen Sie den Korb etwas länger, damit sich der Teig löst und der Korb ohne Kleben entfernt werden kann.

Gesamtbackzeit ca. 50 Minuten mit Konvektion. Variiert je nach Ofentyp.

Wenn nötig, drehen Sie die Temperatur auf 200 Grad herunter.

MULTIGRAIN-SAMENBROT

Portionen: 1

ZUTATEN

- 400 g Sauerteig, Vollkornroggen
- 200 g Dinkelmehl (Vollkorn)
- 90 g Buchweizenmehl (Vollkorn)
- 30 g Hirse, ganz
- 30 g Quinoa, ganz
- 30 g Flocken (5-Korn-Flocken)
- 30 g Kürbiskerne
- 30 g Sonnenblumenkerne
- 30 g Leinsamen
- 30 g Sesam
- 12 g Meersalz
- 10 g Rübenoberteile

- 200 g Wasser, warm (ca.)
- 10 g Hefe, frisch, optional (*)
- 3 EL Samen - Mischung aus Sesam, Sonnenblumenkernen, Leinsamen, Kürbiskernen und 5-Korn-Flocken)

VORBEREITUNG

Kneten Sie alle Zutaten mit Ausnahme der Samen, die in einen homogenen Teig gestreut werden sollen (Küchenmaschine, ca. 7-10 Minuten).

Decken Sie den Teig ab, lassen Sie ihn 30 Minuten an einem warmen Ort ruhen und kneten Sie ihn dann erneut kurz (2-3 Minuten).

Streuen Sie die Form des BBA oder einer Kastenform mit der Hälfte der Samen zum Bestreuen. Den Teig einfüllen und glatt streichen. Dann mit den restlichen Samen bestreuen. Lassen Sie das Brot an einem warmen Ort wieder aufgehen (1-3 Stunden, abhängig von der Sauerteigkraft des Sauerteigs und der Zugabe von Hefe).

Backen:

BBA: Backen Sie das Brot 1 Stunde lang mit dem Programm "Nur backen".

Ofen: Das Brot ca. 50-60 Minuten bei ca. 200 ° C backen. (Da ich immer Brot in der BBA backe, sind die Informationen zum Backen im Ofen nur eine Anleitung.)

Lassen Sie das Brot dann auf einem Rost abkühlen und lassen Sie es einen Tag im Brotkasten ruhen, bevor Sie es schneiden.

Die angegebenen Mengen reichen für ein Brot mit einem Gewicht von ca. 1000 g.

DREI ARTEN PARTYBROT

Portionen: 10

ZUTATEN

- 1 Packung Backmischung für Bauernbrot
- Etwas Salziges
- 650 ml Wasser, (lauwarm)
- Für die Füllung:
- 75 g   Schinken, roh, gewürfelt
- 3 EL   Käse, gehäuft, Grana Padano (sehr junges Padano und fein gerieben)
- 1 EL.   Oregano, getrocknet
- 4 Tomate (n), getrocknet, in Öl eingelegt
- 1 EL.   Öl (aus den getrockneten und eingelegten Tomaten)
- 3 EL   Sonnenblumenkerne
- 3 EL   Mohn

- 3 EL   Sesam (ungeschält)
- 75 g   Salami, luftgetrocknet (in kleine Würfel geschnitten)
- 6 Oliven, schwarz (Kern und dann in Stücke geschnitten)

VORBEREITUNG

Den Teig gemäß den Anweisungen auf der Packung kneten, aber mindestens 2 Stunden gehen lassen.

In der Zwischenzeit den Käse reiben, Salami, Schinken und Tomate hacken.

Teilen Sie den Teig in 3 gleiche Teile. Ein Stück Teig mit Käse, Tomatenstücken und Oregano kneten und zu einem länglichen Laib formen.

Einen Teil mit den Schinkenwürfeln kneten und zu einem länglichen Laib formen und den dritten Teil mit den Salamistücken und Oliven kneten, ebenfalls zu einem länglichen Laib formen.

Den Schinken und das Salamibrot in die Körner geben und weitere 30 Minuten gehen lassen.

Heizen Sie den Ofen auf 250 Grad vor (obere und untere Hitze), legen Sie das Brot auf einen Rost (mit Backpapier ausgelegt) und legen Sie es in den heißen Ofen.

Stellen Sie eine Auflaufform mit Wasser in den Ofen und gießen Sie eine halbe Tasse Wasser direkt auf den heißen Ofenboden. Schließen Sie sofort die Tür. Backen Sie das Brot 10 Minuten lang bei 250 Grad, drehen Sie die Hitze auf 180 Grad herunter und backen Sie weitere 25-30 Minuten.

Das heiße Brot mit etwas heißem Wasser glasieren, den Käse und das Tomatenbrot mit dem Öl glasieren.

Alternativ können aus jedem Teigklumpen 12-15 Mini-Party-Brötchen hergestellt werden. Dann reduzieren Sie die Backzeit auf 5 Minuten bei 250 Grad und 8-10 Minuten bei reduzierter Hitze.

Sie können natürlich mit den Zugaben spielen, wie Sie möchten. So wird es zum "Rum-Fort-Brot"

Natürlich ist dies mit selbstgemischten Mehlen noch billiger und besser, aber besonders für Anfänger beim Brotbacken oder selten für Brotbäcker ist die Mischung einfach der beste Weg, um das Interesse nicht zu verlieren, und die meisten sogenannten Bäckereien verwenden nur Mischungen (eine Schande)). Ich kann Brotbackautomaten nicht empfehlen. Die Brote sind alles andere als so schön wie im Ofen, sie haben Löcher und sind nicht in einer attraktiven Form.

1 STUNDEN BROT

Portionen: 2

ZUTATEN

- ½ Liter Wasser, lauwarm
- 1 Würfel   Hefe
- 400 g   Dinkelmehl
- 100 g   Buchweizenmehl
- 1 Teelöffel   Salz-
- 2 EL   Obstessig
- ¾ Tasse   Sonnenblumenkerne
- ¾ Tasse   Sesam
- ¾ Tasse   Leinsamen

VORBEREITUNG

Alle Zutaten kneten. 1 Stunde bei 220 Grad backen. Stellen Sie beim Backen eine feuerfeste Schüssel mit Wasser in den Ofen.

Der Teig muss nicht aufgehen. Wenn nötig, lassen Sie das Brot über Nacht abkühlen.

LAIB

Portionen: 1

ZUTATEN

- 500 g Mehl (Brotmehl)
- 300 g Wasser
- 10 g Salz
- 1 Beutel Trockenhefe oder 20 g frische Hefe
- 1 Prise Brotgewürzmischung, optional

VORBEREITUNG

Verdünne Steine im Ofen 1/2 Stunde bei 190 ° C von oben und unten vorheizen, dicke Steine 1 Stunde, damit der Stein heiß genug ist und der Teig nicht klebt. Wenn Sie sich nicht ganz sicher sind, ist es besser, den Stein etwas länger vorzuwärmen.

Kneten Sie alle Zutaten von Hand oder in einer Küchenmaschine, um einen glatten Teig zu erhalten, der relativ fest sein sollte. Decken Sie den Teig ab und lassen Sie ihn ca. 1 Stunde an einem warmen Ort gehen. Stellen Sie kurz bevor das Brot in den Ofen kommt, eine Schüssel Wasser in den Ofen oder füllen Sie die Auffangwanne mit Wasser und schieben Sie sie unter den Stein. Dadurch entsteht der sogenannte Dampf, der das Brot knusprig macht. Den Teig zu einem länglichen Laib formen. Die Oberseite des Brotes mit einer Bürste oder von Hand mit Wasser bestreichen. Dadurch entsteht eine schöne Kruste. Dann legen Sie das Brot in den Ofen oder legen Sie es auf den Stein.

Während der ersten halben Stunde sollte das Brot nur bei geringerer Hitze gebacken werden, in der zweiten halben Stunde nur bei höherer Hitze. Viel höhere Temperaturen sind in vielen Rezeptbüchern angegeben. Wir haben gute Erfahrungen mit 190 ° C gemacht.

Tipps:

Mit Weißmehl (Kuchenmehl) können Sie auch 2 Esslöffel (Kräuter-) Olivenöl und nur ca. 250 ml Wasser.

Sie können den Teig auch am Abend zuvor zubereiten. Der Teig wird dann an einen kühlen Ort gestellt, z. B. B. in den Kühlschrank, der etwa 12 Stunden lang gelagert wird. Am nächsten Tag muss der Ofen vorgeheizt werden und der Teig kommt direkt in den vorgeheizten Ofen. Er muss NICHT wieder an einen warmen Ort gehen. Diese Methode macht den Teig besonders feinporig.

Brotmehl kann heute in vielen (Bio-) Läden unter diesem Namen gekauft werden. Es enthält nur Weizen- und Roggenmehl, keine Trockenhefe oder Salz (beachten Sie die Liste der Zutaten!).

NIEDRIGES KARBENBROT

Portionen: 1

ZUTATEN

- 300 g fettarmer Quark
- 8 m großes Ei (e)
- 100 g gemahlene Mandeln oder Haselnüsse
- 100 g Leinsamen, zerkleinert
- 5 EL Weizenkleie
- 2 EL Mehl oder Sojamehl
- 1 pck. Backpulver
- 1 Teelöffel Salz
- 2 EL Sonnenblumenkerne
- Butter für die Form

VORBEREITUNG

Heizen Sie den Heißluftofen auf 150 ° C vor und halten Sie die Hitze 15 Minuten lang, bevor der Teig in den Ofen kommt.

Quark, Eier und Backpulver in einer Schüssel mit einem Handmixer (Schneebesen) mischen, dann die anderen Zutaten hinzufügen und erneut gut umrühren. In die gefettete Schale (25-30 cm) gießen und mit den Sonnenblumenkernen bestreuen. Bei 90 ° C mindestens 90 Minuten backen.

Der Teig ist ziemlich flüssig und das fertige Brot ist sehr feucht / feucht. Das kann mit mehr Kleie geändert werden.

Das fertige Brot sollte im Kühlschrank in einem nicht fest verschlossenen Beutel aufbewahrt werden. Es gefriert auch gut.

Hinweis von Chefkoch.de: Da der Cadmiumgehalt in Leinsamen relativ hoch ist, empfiehlt die Bundeszentrale für Ernährung, nicht mehr als 20 g Leinsamen pro Tag zu konsumieren. Der tägliche Brotkonsum sollte entsprechend aufgeteilt werden.

MUESLI-ROLLEN ODER MUESLI-BROT WIE AUS DER BÄCKEREI

Portionen: 1

ZUTATEN

- 300 g   Weizenmehl (Vollkorn)
- 200 g Weizenmehl (Typ 550)
- 10 g Salz
- 10 g Hefe, frisch
- 20 g Honig
- 350 g Wasser
- 200 g   Getrocknete Früchte
- 80 g Haferflocken
- 50 g   Nüsse
- Mehl für die Arbeitsfläche
- Etwas Wasser zum Bürsten

VORBEREITUNG

Die getrockneten Früchte grob in kleine Stücke schneiden. Alle Früchte sind geeignet, ich mag besonders Aprikosen, Pflaumen, Rosinen und Äpfel. Hacken Sie die Nüsse, Haselnüsse, Cashewnüsse, Mandeln, Pekannüsse, Walnüsse sind meine Favoriten.

Machen Sie einen glatten Teig mit den restlichen Zutaten. Mindestens 5 Minuten kneten. Fügen Sie kurz vor dem Ende der Knetzeit die Früchte und Nüsse hinzu. Der Teig ist anfangs ziemlich dünn und klebrig, aber wenn er genug geknetet wird, wird er schön und elastisch. Decken Sie den Teig ab und lassen Sie ihn 1 Stunde warm oder 6 Stunden im Kühlschrank gehen.

Den Teig auf eine leicht bemehlte Arbeitsfläche legen und in 2 Teile für große Brote, 4 Teile für kleine Brote, 12 Teile für Brötchen teilen und 5 Minuten ruhen lassen. Nun lange Brote oder Brötchen formen. Mit etwas Wasser benetzen und die Haferflocken einrollen. Lassen Sie das Brot 1 Stunde gehen, die Brötchen 3/4 Stunden.

Den Backofen auf 250 ° C vorheizen. Brot nach Wunsch schneiden. In den Ofen stellen, die Temperatur auf 220 ° C senken und gut dämpfen. Große Brote brauchen 25 Minuten, kleine 15 Minuten und Brötchen 10 - 12 Minuten.

Dafür braucht man eigentlich keinen Aufstrich, sie sind süß und herzhaft mit einem Bissen. Natürlich schmecken Marmelade, Honig oder Butter immer noch gut dazu.

Variationen: Sie können natürlich ein reines Rosinenbrot oder Aprikosenbrot daraus machen. Die Mehlsorten können ebenfalls variiert werden. Wenn Sie keine Vollkornprodukte mögen, probieren Sie die 1050 oder nur 550. Anstelle von Haferflocken schmecken auch Mohn oder Sonnenblumenkerne gut.

Ich liebe dieses Brot, weil es sich hervorragend für einen süßen, aber nicht zuckerhaltigen Start in den Tag eignet und unglaublich vielseitig ist.

VERBESSERTE BROTROLLE ODER BAGUETTE-REZEPT

Portionen: 1

ZUTATEN

- 500 g Mehl, Typ 550
- 325 g Wasser, 33 ° C warm
- 21 g Hefe, frisch
- 12 g Salz
- 15 g Backmalz

VORBEREITUNG

Das Mehl in eine Knetschüssel geben und in der Mitte einen Brunnen machen. Gießen Sie die Hefe, das Salz und 5 Esslöffel warmes Wasser in den Brunnen und rühren Sie vorsichtig mit einem Teelöffel um. Decken Sie die Knetschüssel etwa 20 Minuten lang im Ofen ab.

Fügen Sie nun den Rest des Wassers und das Backmalz hinzu und kneten Sie mindestens 5 Minuten lang, um einen mittelfesten Teig zu bilden. Der Teig sollte zwischen 26 und 27 ° C liegen. Decken Sie die Knetschüssel wieder im Ofen ab und lassen Sie den Teig 30 Minuten gehen.

Legen Sie den Teig nach der Ruhezeit auf eine bemehlte Arbeitsplatte, kneten Sie ihn kurz und falten Sie ihn zusammen, damit das Kohlendioxid entweichen kann.

Heizen Sie den Backofen auf 210 ° C vor und verwenden Sie nach Möglichkeit ein Wasserbad, z. B. B. in der Auffangschale.

Denn den Teig auf der bemehlten Arbeitsplatte auf eine Größe von ca. 35 x 63 cm. Mehl dieses Teigblatt dünn und teile es in große Teigstücke. (ZB 7 x 7 cm. Dann gibt es 10-15 Rollen). Am besten mit einem Pizzaroller, Spatel oder Messer zerschneiden. Die Brötchen auf ein Backblech legen und mit einem Tuch abdecken.

Wenn der Ofen aufgeheizt ist, schneiden Sie die Brötchen 2-3 Mal und sprühen Sie sie mit Wasser ein. Legen Sie das Brötchen mit dem Dampfbad in den Ofen und sprühen Sie erneut mit der Sprühflasche.

Lassen Sie es 2 Minuten bei oberer / unterer Hitze laufen und schalten Sie dann auf Umluft um. Backzeit ca. 20 Minuten.

SOURDOUGH WEIZENBIERBROT

Portionen: 1

ZUTATEN

- 300 g Vollkornmehl
- 200 g Weizenmehl Typ 1050
- 75 g Sauerteig, hausgemacht, aus der Bäckerei oder aus der Packung)
- 150 g Wasser
- 150 g Weizenbier
- 1 EL. Salz-
- 1 EL. Zucker
- 1 EL Brotgewürzmischung
- 1 EL Backmalz
- ½ Würfel   Hefe

VORBEREITUNG

Machen Sie den ersten Vor-Teig am Vortag, mischen Sie 150 g des gesamten Mehls mit 150 g Wasser und dem Sauerteig, decken Sie ihn ab und lassen Sie ihn über Nacht stehen (8 h). Am nächsten Morgen den Rest des Mehls damit kneten.

Mischen Sie für den zweiten Vor-Teig die restlichen Zutaten zusammen, bis keine Klumpen mehr vorhanden sind.

Lassen Sie die beiden Teige zusammen in einer Schüssel ruhen.

Nach ca. 2 - 3 Stunden beide Teige ca. 10 Minuten zusammenkneten. Wenn der Teig zu einer dünnen Membran auseinandergezogen werden kann, ohne zu reißen, sind Sie mit dem Kneten fertig.

Lassen Sie den Teig wieder ruhen, bis er aufgegangen ist, um sein Volumen zu verdoppeln.

Legen Sie dann den Teig auf eine nicht bemehlte oder leicht bemehlte Arbeitsfläche, kneten Sie die Luft aus und formen Sie sie zu einer Kugel. Legen Sie diese dann in einen bemehlten Proofkorb. Vorheizen

Backofen auf 250 ° C oben / unten erhitzen, 2 Backbleche gleichzeitig erhitzen.

Wenn das Brot etwa eine Stunde lang aufgegangen ist und deutlich größer geworden ist, legen Sie es auf eines der heißen Backbleche und schneiden Sie es oben in ein Kreuz.

Gießen Sie nach dem Nullstellen im Ofen heißes Wasser auf das untere heiße Blatt und schließen Sie den Ofen sofort. Achtung - Verbrühungsgefahr!

Reduzieren Sie in 10-Minuten-Intervallen die Temperatur des Ofens in 20 ° -Schritten auf 190 ° C und backen Sie sie etwa 50 Minuten lang.

Zum Schluss das Brot zwei Stunden lang auf einen Rost legen, um es abzukühlen.

BROTROLLEN, PERFEKT WIE AUS DER BÄCKEREI

Portionen: 1

ZUTATEN

- 500 g Mehl
- 300 ml Wasser, lauwarm (ca. 45 °)
- 12 g Salz
- 42 g Hefe

VORBEREITUNG

Alle Zutaten zu einem glatten Teig kneten und abdecken und ca. 60 Minuten.

Nochmals von Hand kneten und 10 Rollen von ca. Jeweils 80 g und rund mahlen. Auf ein mit Backpapier ausgelegtes Backblech legen und mit einem feuchten Tuch abdecken. 20 Minuten gehen lassen und dann hineinschneiden.

Den Backofen auf 230 ° C vorheizen. Da die Brötchen zum Backen Dampf benötigen, stellen Sie eine Tasse Wasser in einen ofenfesten Behälter am Boden des Ofens.

Backen Sie die Brötchen für ca. 12-15 Minuten. Sie öffnen sich wieder und werden schön und prall. Wenn sie die richtige Farbe haben, nehmen Sie sie heraus und legen Sie sie zum Abkühlen auf ein Gitter, das mit einem Tuch bedeckt ist.

SIMIT

Portionen: 1

Zutaten

- 500 g   Weizenmehl Typ 405
- ½ Würfel   Frische Hefe
- 150 ml Wasser, lauwarm
- 100 ml Milch, lauwarm
- 100 ml Sonnenblumenöl
- 2 EL   Zucker
- 1 Teelöffel   Salz-
- 3 EL   Traubensirup (Pekmez), alternativ Zuckerrübensirup
- 100 ml Wasser
- 150 g   Sesam

VORBEREITUNG

Rühren Sie zuerst Öl, Wasser, Milch, Zucker, Salz und Hefe zusammen, bis sich Hefe, Salz und Zucker aufgelöst haben. Fügen Sie dann nach und nach Mehl hinzu, bis der Tag weich, aber nicht klebrig ist.

Dann den Backofen auf 50 ° C erwärmen, wieder ausschalten, den Teig abdecken und 30 Minuten gehen lassen.

Aus dem Teig eine Schlange formen und in 10 Stücke von ca. Jeweils 90 g. Dann nochmals ca. 15 Minuten gehen lassen. Vergiss nicht zu decken.

In der Zwischenzeit die Sesamkörner in einer Pfanne ohne Fett anbraten und beiseite stellen. Achtung, es knallt wie Popcorn, aber das ist okay. Mischen Sie den Sirup mit dem Wasser in einer tiefen Platte.

Den Backofen auf 190 ° C vorheizen.

Formen Sie die Teigstücke zu sehr dünnen Schlangen und binden Sie sie zusammen. Drücken Sie die Enden der Schnur zusammen und baden Sie zuerst das Simit in den Sirup und rollen Sie es dann in die Sesamkörner. Im Ofen etwa 20 Minuten backen und dann zum Abkühlen in ein Geschirrtuch wickeln, damit sie nicht hart werden.

Sie schmecken gut mit süßen und herzhaften Belägen und können auch gut eingefroren werden.

RÜCKENBROT AUS MEINER PRÜFKÜCHE

Portionen: 1

ZUTATEN

- 350 g Rote Beete
- 400 g Dinkelmehl Typ 1050, möglicherweise etwas mehr
- 250 g Weizenmehl, gemahlen aus Vollkornprodukten
- 1 Beutel / n Trockenhefe, biologisch, 9 g
- 1 EL Zucker, extra fein
- 1 Teelöffel Salz
- 5 EL   Sonnenblumenkerne
- 150 ml süße Creme

VORBEREITUNG

Rote Beete schälen und waschen, in kleine Stücke schneiden und ca. 15 Minuten ohne Salzzusatz kochen. Dann ohne Saft pürieren und etwas abkühlen lassen.

In der Zwischenzeit das Mehl in einer Schüssel wiegen, den Weizen mahlen und in die Schüssel geben und die Trockenhefe, den Zucker, das Salz und die Sonnenblumenkerne hinzufügen. Mischen Sie die trockenen Zutaten gut. Lassen Sie die Sahne lauwarm werden und fügen Sie der Mehlmischung hinzu. Nun die pürierte Rote Beete in den Teig einrühren oder umrühren lassen, das mache ich mit der Küchenmaschine. Wenn der Teig nicht fest genug ist, fügen Sie einfach ein wenig Mehl hinzu, bis sich der Teig von der Schüssel löst.

Den Teig abdecken und ca. 60 - 80 Minuten gehen lassen. Nochmals kurz kneten und in eine vorbereitete Form geben. Ich nahm hier eine Keramikpfanne und legte sie mit Backpapier aus. In die Oberseite des Brotes schneiden und weitere 30 Minuten gehen lassen.

Den Backofen auf 200 Grad vorheizen. Ich stellte eine Schüssel mit kaltem Wasser in den Ofen unten.

Backen Sie das Brot etwa 1 Stunde lang bei 170 - 180 Grad. Überprüfen Sie das Brot mit dem Klopftest. Wenn es hohl klingt, drehen Sie es um und lassen Sie es vollständig abkühlen.

Hinweis: Der Geschmack der Rote Beete verschwindet vollständig.

RUSSISCHES BROT - VANILLA YOGURT - TART

es

Portionen: 1

ZUTATEN

- 300 g   Keks (russisches Brot)
- 150 g   Butter, weich
- 500 g   Joghurt (Vanille)
- 400 ml Sahne
- 150 ml Milch
- 50 g Zucker
- 1 pck. Vanillezucker
- 8 Blatt Gelatine, weiß
- 10 g Kakaopulver

VORBEREITUNG

Russisches Brot grob reiben oder fein hacken, mit der weichen Butter mischen und kneten. Decken Sie eine Kuchenplatte mit Backpapier ab, legen Sie den 26-cm-Kuchenring mit Öl auf die Innenseite, gießen Sie 2/3 der Mischung hinein, drücken Sie sie auf und lassen Sie sie fest werden. Den Rest auf eine Seite legen.

Gelatine in Wasser einweichen. Sahne schlagen. Milch, Zucker und Vanillezucker in einem Topf erhitzen. Die gut gepresste Gelatine darin auflösen, vom Herd nehmen und abkühlen lassen. Kurz vor dem Abbinden den Vanillejoghurt kräftig einrühren und die Schlagsahne unterheben.

Die Masse teilen, das Kakaopulver in einen Teil der Creme einrühren.

Verteilen Sie abwechselnd helle und dunkle Creme mit einem Esslöffel auf der Basis und glatt auf der Oberfläche. Den Kuchen mit den restlichen Krümeln bestreuen und im Kühlschrank abkühlen lassen, vorzugsweise über Nacht. Entfernen Sie dann den Kuchenring und das Backpapier. Den Kuchen bis zum Verzehr kalt stellen.

KOMBUCHA SOURDOUGH UND BROT

Portionen: 1

ZUTATEN

Für den Sauerteig:

- 150 g Vollkornmehl, grob
- 50 g Roggenmehl
- 30 g   Honig, flüssiger
- 300 ml Kombucha, aktiver

Für den Teig:

- 430 g   Weizenmehl Typ 550
- 220 ml Wasser (warm

- 9 g Meersalz, feines oder normales Salz

VORBEREITUNG

Die Zutaten für den Sauerteig am Abend zuvor gut mischen, dann mit einem Tuch abdecken und bis zum nächsten Tag an einem warmen Ort ruhen lassen.

Mischen Sie am Tag des Brotbackens den Kombucha-Sauerteig mit allen Brotzutaten in einer großen Schüssel. Dann die Schüssel abdecken und an einem warmen Ort gehen lassen.

Nach einer Stunde den Teig ziehen und falten - nicht kneten! Dazu falten Sie zuerst eine Seite in zwei Hälften, dann die gegenüberliegende Seite über die erste Hälfte und dann die anderen beiden Seiten über die ersten Seiten. Wiederholen Sie dies noch dreimal - einmal pro Stunde.

Dann aus dem Teig ein Brot formen und an einem warmen Ort weitere 2 - 4 Stunden gehen lassen.

Heizen Sie den Ofen eine Stunde vor dem Backen auf die höchste Stufe (240 ° C, obere / untere Hitze) vor. Backen Sie das Brot 15 Minuten lang, drehen Sie dann den Ofen auf 190 ° C herunter und backen Sie das Brot weitere 30-35 Minuten lang oder bis es beim Klopfen hohl klingt.

TASCHE BROT

Portionen: 4

ZUTATEN

- 2 Tasse / n Dinkelmehl, 812
- 1 Tasse Roggenmehl, 1150
- 1 ½ Tasse / n Wasser
- 1 ½ TL Salz-
- 8 g Hefe, frisch ODER:
- 1 TL, ebene Trockenhefe
- 2 EL   Sonnenblumenkerne
- 2 EL   Leinsamen
- 2 EL   Haferflocken
- 75 ml   Wasser

VORBEREITUNG

Mehl und Salz in eine größere Schüssel geben, die Hefe mit dem "kalten" Wasser auflösen und mit einem Holzlöffel mit dem Mehl mischen, bis keine Mehlsäcke mehr vorhanden sind. Dann lege ich den Teig 20 Stunden lang in einen kühlen Raum, in den Flur, in den Keller oder in den Kühlschrank. Normalerweise mache ich das am Abend zuvor, dann nehme ich auch 2 Esslöffel Sonnenblumenkerne, 2 Esslöffel Leinsamen und 2 Esslöffel Haferflocken und gieße etwa 75 ml heißes Wasser darüber, setze den Deckel auf und füge nach der Gehzeit hinzu den Teig und kurz untermischen.

Ich falte dann den Teig mit einem Spatel, ich mache das Ganze zweimal. Lassen Sie den Teig nach jeder Falte 30 Minuten ruhen.

Den Backofen mit einem gusseisernen Topf mit Deckel auf 260 ° C vorheizen, dann den Teig in den Topf geben und mit Körnern bestreuen und fest andrücken, den Deckel aufsetzen und 35 Minuten in den Ofen stellen, dann den Deckel absenken, den Deckel drehen Temperatur auf 190 ° C und weitere 20 Minuten backen.

Ich benutze immer sehr große Tassen mit einem Fassungsvermögen von ca. 300 ml.

Sie können Mehl verwenden, wie Sie möchten, je nach Ihrem Geschmack. Die Körner können auch weggelassen werden

ROLLEN, ORIGINAL WIE AUS DER BÄCKEREI

Portionen: 1

ZUTATEN

- 315 g Weizenmehl (Typ 550 oder 405)
- 35 g Weizenmehl (Typ 1050)
- 15 g Backmalz
- 10 g Salz
- 185 ml Wasser
- 20 g Hefe
- Möglicherweise. Sesam
- Möglicherweise. Mohn

VORBEREITUNG

Wie lange habe ich versucht und versucht, endlich in der Lage zu sein, frische und echte Brötchen zu Hause zu backen. Letztendlich habe ich unzählige Rezepte gefunden, die so aussehen, aber nicht einmal eine Beziehung zu einem echten Brötchen suggerieren.

Am Ende halfen zwei Bäcker: einer mit dem Rezept, der andere mit Backmalz, das in den Läden sehr schwer zu bekommen ist (außer im Internet).

Das Teigrezept ist sehr einfach und kann sehr einfach mit dem Brotbackautomaten hergestellt werden. Es ist am besten, die Zutaten am Abend vor dem Schlafengehen in der folgenden Reihenfolge in den Brotbackautomaten zu geben (Teigfunktion):

Erst das Wasser, dann die Hefe (kann auch Trockenhefe sein - macht keinen Unterschied), dann die 550 oder 405 (auch hier: 405 ist absolut ausreichend, wenn Sie keine 550 zur Hand haben), dann die 1050 Dann folgen das Backmalz und das Salz.

Ohne BBA wird das Ganze zu einem homogenen Teig verarbeitet - bis es sich von der Schüssel löst. Dann braucht der Teig ca. 1 - 1 1/2 Stunden, um sich auszuruhen. Am besten an einem warmen Ort (Hefeteig) abdecken.

Dann können Sie den Teig auf eine nicht bemehlte Arbeitsfläche legen (ich mache das immer auf dem Keramikkochfeld) und Stücke von jeweils 80 g portionieren. Die Teigbällchen müssen nun abgerundet und gegebenenfalls gemahlen oder zu kleinen Brötchen geformt werden, um sie zu "Kaiserbrötchen" zu machen (eine gute Alternative zur Brötchenpresse).

Halten Sie den Teig kurz vollständig unter den Wasserhahn und legen Sie ihn auf Backpapier. Sie können jetzt weitere 5 mm tief in sie schneiden, wenn Sie möchten, und sie mit Sesam oder Mohn bestreuen.

Dann müssen die Teigstücke weitere 60 Minuten bedeckt aufgehen. Nach dieser Zeit den vorgeheizten Ofen (220 ° C oben / unten) kräftig dämpfen und die Brötchen erneut direkt mit dem Blumensprühgerät gießen. Dann stellen Sie sie in die Mitte des Ofens und bleiben dort für 18 Minuten. Dann herausnehmen - auf einem Gestell abkühlen lassen und genießen.

OSTERBROT NACH EINEM TRADITIONELLEN REZEPT

Portionen: 1

ZUTATEN

- 1 kg Weizenmehl
- 2 pck. Trockenhefe
- 50 g Zucker
- 170 g Butter, weich, Raumtemperatur
- 6 Ei (e)
- ¼ Liter Milch, lauwarm
- 350 g   Sultanas, durchnässt
- Wasser zum Einweichen
- 5 g Zimtpulver
- 1 Prise (n)   Muskatnuss
- Ei (e) zum Bürsten
- Mehl für die Arbeitsfläche

- Möglicherweise. Gegrüßet seist du Zucker oder Mandelsplitter

VORBEREITUNG

Mehl, Zucker, Eier, Butter, Sultaninen und Gewürze in eine Schüssel geben. Die Trockenhefe mit einem Löffel kurz in die lauwarme Milch einrühren, die Milch zu den restlichen Zutaten geben und mit einem Handmixer (Teighaken) kräftig umrühren, bis sich der Teig vom Rand der Schüssel löst.

Legen Sie den Teig auf eine bemehlte Arbeitsfläche und kneten Sie ihn ausgiebig und kräftig. Dann in eine vorgeheizte Schüssel geben, mit einem feuchten Tuch abdecken und an einem warmen Ort gehen lassen, bis sich das Volumen verdoppelt hat (normalerweise lasse ich es eine Stunde gehen, aber es ist auch weniger möglich).

Dann nochmals kräftig kneten, zwei Brote formen und jeweils auf ein Tablett legen. Mit einem feuchten Tuch abdecken und weitere 1/2 Stunde gehen lassen.

Den Backofen auf 175 ° C vorheizen (Konvektion). Nach dem Proofing die Brote mit geschlagenem Ei bestreichen und quer schneiden, dann in den Ofen stellen. Wenn Sie möchten, können Sie vorher mit Zucker oder Mandelsplittern bestreuen. Das Brot 60 Minuten backen.

Sie könnten auch beide Brote auf ein Tablett legen, aber sie öffnen sich ziemlich weit und "wachsen" dann oft in der Mitte zusammen! Wenn es Ihnen nichts ausmacht, können Sie sich viel Zeit sparen. Normalerweise schneide ich die Zutaten in zwei Hälften und mache nur ein Osterbrot. Dies reicht normalerweise für eine vierköpfige Familie.

PADERBORN COUNTRY BROT, LICHTVERSION VON KETEX

Portionen: 1

ZUTATEN

- 150 g Roggenmehl, 1150
- 150 g Wasser
- 30 g Hefe
- 135 g Roggenmehl, 1150
- 150 g Weizenmehl (Vollkorn)
- 160 g Weizenmehl, 1050
- 355 g Wasser
- 12 g Salz
- 10 g Hefe (wer mag)

VORBEREITUNG

Machen Sie einen Sauerteig aus den ersten 3 Zutaten:

150 g Roggenmehl 1150, 150 g Wasser, 30 g ASG = Anstellgut.

Alles vermischen und 16 Stunden bei Raumtemperatur reifen lassen.

Nehmen Sie 30 g davon ab und geben Sie es dem zu platzierenden Gegenstand zurück.

Alle Zutaten und den vorbereiteten Sauerteig 7 Minuten lang zusammen kneten. Dann 20 Minuten ruhen lassen.

Dann in eine 1 kg Laibpfanne geben und kochen lassen.

Mit Hefe ca. 60 Minuten. Ohne Hefe ca. 120 Minuten.

15 Minuten bei 240 ° backen, bis die gewünschte Bräunung erreicht ist, dann bei 180 ° 45 Minuten backen.

Das Brot hat TA 180 und ist ein gemischtes Brot 50/50.

FALSCHES BROT

Portionen: 1

ZUTATEN

- 160 g   Butter
- 2 Eier)
- 280 g Schokolade, gerieben
- 240 g Mandel (n), gemahlen
- 250 g Mehl
- 4 Eigelb
- 10 EL   Puderzucker
- Pistazien zum Dekorieren

VORBEREITUNG

Butter, Eier und Schokolade in eine Rührschüssel geben und schaumig schlagen. Dann die Mandeln und das Mehl abwechselnd und in kleinen Portionen unter den Teig heben.

Den Teig zu einer Rolle formen und ca. 30 Minuten kalt stellen. Dann den Nudelholz in ca. 1 cm breite Scheiben schneiden, auf ein mit Backpapier ausgelegtes Backblech legen und ca. 10 Minuten bei 180 ° C im Ofen backen.

Mischen Sie das Eigelb mit dem Puderzucker und fügen Sie dann die gehackten Pistazien hinzu. Verteilen Sie die Mischung auf den falschen Broten und lassen Sie sie im Ofen trocknen.

NAAN BROT

Portionen:

ZUTATEN

- 1 Teelöffel Zucker
- 20 g   Hefe, frisch
- 150 ml Wasser (warm
- 200 g   Mehl
- 1 EL   Ghee
- 1 Teelöffel Salz
- 50 g Butter, geschmolzen
- 1 Teelöffel Schwarzkümmel
- Mehl für die Arbeitsfläche
- Fett für den Objektträger

VORBEREITUNG

Zucker und Hefe in eine kleine Schüssel geben und mit dem warmen Wasser mischen. Lassen Sie diese Mischung etwa 10 Minuten gehen, bis sich Blasen bilden.

Geben Sie das Mehl in eine große Schüssel und machen Sie einen Brunnen in der Mitte, fügen Sie das Ghee und Salz hinzu und gießen Sie die Hefe hinein. Mit einem Holzlöffel zu einem glatten Teig mischen. Den Teig ca. 6 Minuten auf einer bemehlten Arbeitsfläche kneten. Setzen Sie den Brotteig wieder in die Schüssel und decken Sie ihn wieder für 1 1/2 Stunden.

Den Teig erneut 2 Minuten lang kneten und dann in 6 - 8 gleiche Portionen teilen. Formen Sie jede Portion zu einer Kugel und drücken Sie sie zu einem 1 cm dicken, runden, flachen Kuchen mit einem Durchmesser von etwa 12 cm flach.

Den Grill auf der höchsten Stufe vorheizen. Legen Sie die Brötchen auf gefettete Aluminiumfolie und backen Sie sie jedes Mal 7-10 Minuten lang - zweimal drehen. Mit Butter bestreichen und mit Schwarzkümmel bestreuen. Sofort warm servieren oder warm in Aluminiumfolie eingewickelt halten.

GINGER BROT CHENÄRAN

Portionen: 1

ZUTATEN

- 300 g   Buchweizen, ganz +
- 100 g   Amaranth, ganz +
- 200 g   Maiskörner (kein Popcorn) +
- 100 g   Brauner Reis (mittelkörnig) +
- 2 Teelöffel   Kümmel, ganz +
- 2 Teelöffel   Koriander, ganz mahlen
- 1 ½ TL Salz-
- ½ TL   Rohrzucker
- 2 Beutel / n Backpulver (Zahnstein-Backpulver)
- 3 EL   Sonnenblumenkerne
- 3 EL   Sesam, ungeschält
- 3 EL   Leinsamen, ganz

- 40 g   Ingwer, geschält
- 250 ml Kefir
- Sprudelndes Mineralwasser
- Sonnenblumenkerne ODER
- Sesam
- 1 Tasse / n Wasser

VORBEREITUNG

Buchweizen zu Koriander zerkleinern. Mischen Sie alle trockenen
Zutaten zu +. Füllen Sie kohlensäurehaltiges Mineralwasser + Kefir auf
700 g, möglicherweise mehr, fügen Sie es hinzu, es muss wie ein Teig
sein, eher etwas flüssiger, dann steigt der Teig besser auf. Wie viel
Flüssigkeit benötigt wird, hängt weitgehend vom Alter des Getreides ab.
Mir ist aufgefallen, dass frisch gemahlener Mais viel absorbiert.
(Deshalb benutze ich Mais nicht zum Panieren)

In eine 30 cm große rechteckige Kuchenform mit Backpapier (ebenfalls
mit Backformen überzogen) gießen. Legen Sie die Sonnenblumenkerne
oder Sesamkörner auf den Teig und drücken Sie sie leicht nach unten. In
einem kalten Ofen mit einer Tasse Wasser bei 160 ° C 70 Minuten
backen. Nadelprobe.

Längeres Backen macht nichts anderes, als die Kruste zu zähmen.

Mit oberer + unterer Hitze auf ca. 180 ° -190 ° C + ca. 45-60 Minuten.
Lassen Sie den Ofen auf einem Rost abkühlen und entfernen Sie das
Backpapier. Wenn das Backpapier vorher entfernt wird, ist die Kruste
normalerweise hart.

Das Brot öffnet sich oben, auch wenn ich das Brot einkerbe, ist
glutenfrei nicht so einfach, weil der Teig sehr flüssig ist. Aber es spielt
keine Rolle für den Geschmack.

BROT-CHIPS

Portionen: 1

ZUTATEN

- 200 g   Brot (e) - Reste, abgestanden
- 125 g   Kräuterbutter
- 75 g   Butter
- 2 Teelöffel   Gewürzmischung (Butterbrotsalz, Rezept aus der Datenbank)

VORBEREITUNG

Das Brot in dünne Scheiben schneiden.

Butter und Kräuterbutter schmelzen und Brot und Buttersalz hinzufügen (das Rezept finden Sie hier:

http://www.chefkoch.de/rezepte/1706241279393160/Butterbrotsalz.html
).

Legen Sie die Brotscheiben in die Butter und warten Sie, bis sie eingeweicht sind.

Auf einem mit Backpapier ausgelegten Backblech verteilen und ca. 180 ° bei 180 ° backen. 12-15 Minuten mit heißer Luft, bis es eine schöne braune Farbe hat.

Abkühlen lassen und genießen.

ULM BROT

Portionen: 1

ZUTATEN

- 250 g   Honig (synthetischer Honig)
- 250 g   Margarine
- 100 g   süße Creme
- 180 g   Zucker
- 2 Eier)
- 1 Teelöffel Rum
- 1 pck.   Ingwerbrotgewürz
- 1 EL, gehäuft   Kakao
- 50 g   Zitronenschale
- 50 g   Orangenschale
- 100 g   Nüsse, gemischt
- 440 g   Mehl

- 1 Punkt Backpulver

Ebenfalls:

- Puderzucker für die Glasur
- Wasser zum Zuckerguss

VORBEREITUNG

Margarine und Zucker schaumig schlagen. Bei Bedarf den künstlichen Honig etwas erhitzen und die restlichen Zutaten hinzufügen.

Den Teig auf einem gefetteten Backblech verteilen und im vorgeheizten Backofen bei 160 Grad ca. 25 Minuten backen.

Lassen Sie das Teigblatt etwas abkühlen und dekorieren Sie es dann mit einem Zuckerguss. In kleine Stücke von ca. 5 x 5 cm

EIN SCHNELLES UND EINFACHES REZEPT FÜR BAGUETTEN

es

Portionen: 1

ZUTATEN

- 500 g   Weizenmehl
- 2 Würfel   Hefe
- 300 g   Wasser
- 30 g   Olivenöl
- 1 Teelöffel Salz
- 1 Prise Zucker

VORBEREITUNG

Den Teig auf einer bemehlten Oberfläche zu einer Rolle formen. Dann in 3 gleiche Stücke teilen und zu Baguettes formen und in die Vertiefungen eines Baguettetabletts legen.

Stellen Sie das Tablett in den KALTEN Ofen und backen Sie das Brot etwa 35 Minuten lang bei 200 Grad oberer / unterer Hitze. Der Teig geht im Ofen auf.

CROISSANT - REZEPT

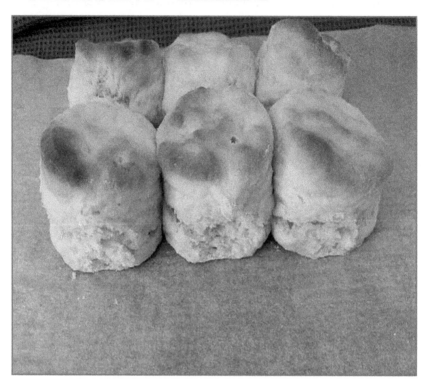

Portionen: 1

ZUTATEN

- 250 g Butter
- 50 g Zucker
- 500 g Mehl
- 1 Prise Salz
- 42 g Hefe
- 2 Eier)
- 0,2 Liter Milch (ungefähr, abhängig vom Mehl)

VORBEREITUNG

Machen Sie am Abend zuvor einen Hefeteig aus den oben aufgeführten Zutaten: Lassen Sie die Milch lauwarm werden, mischen Sie die Hefe mit etwas Zucker und Milch, lassen Sie sie einen Moment stehen und mischen Sie sie dann mit allen Zutaten außer der Butter. Decken Sie den Teig ab und lassen Sie ihn über Nacht im Kühlschrank stehen.

Nehmen Sie den Teig aus dem Kühlschrank und rollen Sie ihn auf einer Arbeitsfläche zu einem Quadrat aus. Die Butter zwischen zwei Frischhaltefolien auf die Hälfte des Quadrats formen, dann mit Mehl bestäuben und auf den Hefeteig legen. Das Mehl ist wichtig, da sich die Butter nicht mit dem Teig vermischen darf, da sonst kein Blätterteig hergestellt werden kann. Es ist also besser, zwischen Butter und Hefeteig etwas zu viel als zu wenig Mehl zu haben!

Legen Sie den Teig wie einen Umschlag über die Butter, so dass auf jeder Seite ein Dreieck über der Butter liegt und diese bedeckt. Dies wird nun zu einem Rechteck ausgerollt, dieses Rechteck wird dreimal übereinander gefaltet und dann wieder ausgerollt. Sie sollten dies 2 bis 3 Mal wiederholen. Dann werden Dreiecke geschnitten (ungefähr 12) und diese werden von der breiten Seite zu Croissants geformt.

Den Backofen auf 220 bis 250 ° C vorheizen, hier ist der Geschmack unterschiedlich: Bis zu 220 ° C werden die Croissants (ca. 6 pro Tablett) ca. 20 Minuten, bei 250 ° C ca. 12 Minuten gebacken. Es ist ein schönes Frühstück!

Das Rezept stammt von einem Freund, ich hoffe es gefällt euch.

SCONES

Portionen: 1

ZUTATEN

- 430 g   Mehl
- 2 EL   Backpulver
- TL Salz
- 150 ml Sahne
- 150 ml Mascarpone
- 300 ml Wasser

VORBEREITUNG

Mehl mit Backpulver und Salz mischen. Sieben Sie mindestens dreimal auf einer Arbeitsplatte und drücken Sie eine Aussparung in die Mitte. Sahne und Mascarpone mischen und mit dem Wasser zum Mehl geben. Mischen Sie alle Zutaten mit einem Messer gerade so lange, bis der Teig gerade zusammenklebt, und bearbeiten Sie dann die bemehlte Arbeitsfläche mit Ihren Händen. Falten Sie dazu den Teig immer wieder, aber drücken Sie ihn nur mit den Fingerspitzen zusammen, nicht mit der gesamten Handfläche.

Drücken Sie den ca. 3,5 cm dicken Teig nur mit den Fingerspitzen. Mehl einen runden Ausstecher oder ein Glas mit einem Durchmesser von ca. 6 cm und schneide Kreise aus. Legen Sie die Kreise nebeneinander auf ein mit Pergament ausgekleidetes Backblech, so dass sie sich berühren. Den restlichen Teig einige Male falten und Kreise ausschneiden, bis der Teig aufgebraucht ist.

Die Scones mit Milch bestreichen und im vorgeheizten Backofen auf dem mittleren Rost bei 210 ° C 15 Minuten backen. Stechen Sie einen Stock in eine mittelgroße Rolle. Wenn der Teig beim Herausziehen noch daran haftet, backen Sie etwas länger.

Legen Sie ein Küchentuch auf ein Gitter, legen Sie die Scones darauf und bedecken Sie sie mit der anderen Hälfte des Handtuchs.

Die Scones schmecken am besten, wenn sie noch warm sind und Erdbeermarmelade und Sahne enthalten.

Gemischtes Roggenbrot

Portionen: 1

ZUTATEN

- 450 g   Roggenmehl (zB Typ 997)
- 300 g   Weizenmehl (zB Typ 550 oder 812)
- 23 g   Sauerteig (Vollkorn-Roggen-Sauerteig)
- 10 g   Lecithin (reines Sonnenblumenlecithin)
- 7 ½ g   Weizenglutengranulat (enthält ~ 0,3 g Ascorbinsäure)
- 1 pck.   Trockenhefe (7 g)
- 17 g   Salz (Jodsalz ist ideal)
- 1 TL, geebnet   Kümmelpulver, optional
- 3 EL, gehäuft   Sonnenblumenkerne, geschält, optional
- 540 ml   Wasser (10 ml mehr bei Verwendung von Sonnenblumenkernen)

VORBEREITUNG

Mischen Sie alle Zutaten außer dem Wasser. Fügen Sie das lauwarme Wasser hinzu und kneten Sie alles für ca. 4 Minuten mit dem Handmixer. Lassen Sie den Teig 30 Minuten ruhen, bedeckt mit einem Tuch.

Wenn Sie einen Brotbackautomaten verwenden, legen Sie den Teig in die Backmaschine und stellen Sie ein Programm mit einer Gesamtbackzeit von ca. 2½ Stunden ein.

Wenn Sie im Ofen backen möchten, kneten Sie den Teig noch einmal kurz und formen Sie ein oder zwei Brote. In Ruhe aufgehen lassen, bei Raumtemperatur ca. 50 Minuten, bei 28 ° C sind 35 Minuten ausreichend.

Im Ofen bei 250 ° C ca. 10 Minuten backen, dann weitere 190 Minuten bei 190 ° C backen.

BOHEMIAN DALKEN AUS MAMAS REZEPT

Portionen: 4

ZUTATEN

- 500 g   Mehl Typ 550
- Eier)
- 50 g   Butter
- ½ Würfel   Hefe
- 200 ml Milch, möglicherweise etwas mehr
- ½ TL   Salz-
- Mehl zur Verarbeitung
- Butter, geschmolzen, zum Bürsten

VORBEREITUNG

Die Hefe mit einer Prise Zucker in etwas lauwarmer Milch auflösen. Das Mehl in eine Schüssel geben, einen Brunnen machen und die Hefe hinzufügen, mit etwas Mehl bestäuben und ca. 15 Minuten gehen lassen.

Den Rest der Milch erhitzen, die Butter darin schmelzen und das Ei und einen halben Teelöffel Salz zum Mehl geben. Alles kräftig zusammenkneten, um einen glatten Teig zu bilden. Den Teig ca. 45 Minuten.

Bestäuben Sie Ihre Hände mit Mehl und formen Sie tassengroße Pastetchen aus dem Teig. Auf ein mit Backpapier ausgelegtes Backblech legen - dazwischen viel Platz lassen, da diese noch etwas aufsteigen.

Weitere 20-30 Minuten gehen lassen, mit geschmolzener Butter bestreichen und im auf 180 ° C vorgeheizten Ofen ca. 20 Minuten backen.

Herausnehmen und erneut mit zerlassener Butter bestreichen.

Dalken sind ein Muss in unserer Familie mit Rindfleisch mit Dillsauce. Als Kinder liebten wir sie mit Butter und Honig oder Marmelade.

BROTROLLENREZEPT

Portionen: 25

ZUTATEN

- 600 ml Wasser
- 1 kg   Weizenmehl
- 1 Würfel   Hefe
- 2 EL   Olivenöl
- 2 EL   Salz-
- 1 Teelöffel Zucker

VORBEREITUNG

Die Hefewürfel zerbröckeln und im lauwarmen Wasser mit Zucker, Olivenöl und Salz in der Rührschüssel des Küchengeräts auflösen, falls verfügbar.

Fügen Sie das Mehl hinzu und kneten Sie alles gut 10 Minuten lang mit der Küchenmaschine, bis sich ein Teig bildet, der sich glatt vom Rand der Schüssel löst. Fügen Sie bei Bedarf Wasser oder Mehl hinzu.

Für das Aussehen und den Geschmack können Körner (z. B. Hirse, blauer Mohn, Sesam, Kürbiskerne, Sonnenblumenkerne, Leinsamen oder Rosinen) zu den Brötchen gegeben werden (zum besseren Halt vorher in Wasser einweichen).

Sie können auch Käse darauf legen oder Speck sowie gewürfelte Salami / Schinken oder Rosinen backen, je nach Ihrem Geschmack.

Kleine Kugeln zu Rollen formen, flach auf das mit Backpapier ausgelegte Backblech drücken. Die Oberfläche mit einem scharfen Messer diagonal einschneiden und 10-15 Minuten unter einem Handtuch gehen lassen.

Dann im Ofen bei 200-180 ° C ca. 15-20 Minuten bis braun.

Tipps:

Lassen Sie es zum späteren Backen leichter.

Geben Sie Wasser auf ein zweites Backblech (es sei denn, Ihr Ofen kann Dampfstöße verarbeiten), wodurch die Brötchenkruste knuspriger wird.

KÖRNERBROT

Portionen: 1

ZUTATEN

- 375 ml Wasser
- 1 ½ TL Salz-
- 1 Teelöffel   Zucker
- 1 EL   Olivenöl
- 300 g   Mehl (Typ 405)
- 300 g   Maismehl, fein
- 1 Beutel   Trockenhefe

VORBEREITUNG

Mischen Sie die beiden Mehlsorten gut miteinander, aber gießen Sie sie
noch nicht in den Behälter. Gießen Sie alle Zutaten in der angegebenen

Reihenfolge in den Behälter - zuerst die nassen und dann die trockenen. Auf der Hefe.

Zu wählendes Programm: Weißbrot, Stufe II (750 g), mittlere Bräunungsstufe.

Das Brot schmeckt sehr gut zu Käse und auch gut zu Marmelade!

KÖSTLICHES BROT, ROLLEN, BAGUETTEN

Portionen: 6

ZUTATEN

- 50 g Vollmehl Roggenmehl Typ 1150
- 400 g   Vollkornmehl Typ 1050
- 1 Teelöffel gehäuftes Salz
- 100 g   Roggensauerteig, Rezept aus der Datenbank
- 260 ml Wasser
- 50 g Samen oder Flocken zum Garnieren

VORBEREITUNG

Dieses Rezept funktioniert grundsätzlich mit allen Mehlen, aber das
Roggenmehl sollte immer verfügbar sein. Alle Zutaten sollten ungefähr

die gleiche Temperatur (Raumtemperatur) haben. Sie können es verfeinern, indem Sie dem Mehl etwas hinzufügen: Samen, Flocken, Zwiebeln, Speck oder Gewürze. Die ideale Salzmenge beträgt 1,8 bis maximal 2 g pro 100 g Mehl. Wenn Sie das Salz vergessen, werden Sie es ein Leben lang nicht vergessen.

Mischen Sie zuerst 400 g der gewünschten Mehlsorte mit 50 g Roggenmehl und dem Salz. Je nach Verfügbarkeit können auch verschiedene Mehle in der gewünschten Menge zusammen gewogen werden. (zB 50 g Vollkorn-Roggenmehl, 200 g Vollkorn-Dinkelmehl, 200 g

Vollkornweizenmehl) Dann füge ich das Wasser immer zu dem herausgezogenen Sauerteig hinzu und rühre es kräftig zusammen. Ich füge dann die resultierende Flüssigkeit der Mehlmischung hinzu.

Kneten Sie die Masse sehr gut, indem Sie sie auseinander ziehen und einschlagen (ca. 30 Minuten). Oder kneten Sie in der Küchenmaschine mit dem Teighaken mit einer Geschwindigkeit, die nicht zu hoch ist (Stufe 2 von 7 Stufen), bis der Teig das gesamte Mehl aufgenommen hat. Nehmen Sie dann den Teig aus dem Behälter und kneten Sie einige Male, indem Sie ihn flach drücken und dann die Ecken zur Mitte hin hämmern. Sie erkennen, dass es plötzlich immer schwieriger wird. (Den Teig nicht umdrehen). Etwas Mehl darüber streuen und mit der Seite nach unten in eine Schüssel geben, mit einem Tuch abdecken und einige Stunden ruhen lassen.

Entfernen Sie den Teig nach ca. 4 Stunden, drücken Sie ihn 3 - 4 Mal flach und falten Sie ihn erneut ein (wie beim letzten Mal). Abdecken und weitere 30 Minuten stehen lassen.

Dann teilen Sie den Teig in die gewünschten Brote. Drücken Sie die einzelnen Teigmengen erneut flach und rollen Sie sie auf, decken Sie sie ab und lassen Sie sie weitere 30 Minuten ruhen.

Dann die einzelnen Portionen wieder flach drücken und bis zur letzten Richtung "quer" aufrollen und dann die Brote nach Belieben zu Baguettes, Brötchen und Mini-Broten formen. Wenn Sie möchten, drücken Sie die Oberseite kurz in den Backsamen und legen Sie das Ganze auf das Backblech (auf Backpapier oder ähnlichem), decken Sie es ab und lassen Sie es weitere 30 Minuten ruhen. Hier finden Sie, dass die Brote sehr elastisch geworden sind

In der Zwischenzeit den Backofen auf ca. 220 ° C (Ofenraumtemperatur).

Die Brote mit Wasser oder Spray bestreichen, in sie schneiden (Baguettes über die gesamte Länge seitlich) und sofort in den Ofen, den mittleren Rost, die obere und untere Hitze geben und 20 Minuten backen. (Luftzirkulation ist ebenfalls möglich, aber wählen Sie eine niedrigere Temperatur. Seien Sie nicht zimperlich mit dem Wasser, Bäcker backen sogar mit Dampf)

Nach 15-20 Minuten die Brote erneut mit Wasser bestreichen oder besprühen. Verringern Sie die Temperatur um 20 ° C und backen Sie weitere 10 Minuten. Wenn Sie an die Unterseite "klopfen", klingt es hohl und die Kruste knistert, wenn Sie sie drücken und loslassen.

Nehmen Sie es dann heraus und lassen Sie es etwas abkühlen.

Ein Tipp für Reste: Den ganzen Laib einfrieren. Später gefroren in den vorgeheizten Ofen stellen und backen.

BERLIN BROT

Portionen: 1

ZUTATEN

- 500 g   Mehl
- 500 g   Zucker
- 250 g   Butter
- 2 Eier)
- 2 pck.   Vanillezucker
- 1 pck. Backpulver
- 70 g Kakaopulver
- 200 g   Haselnüsse, grob gehackt
- 2 EL   Milch
- Fett für die Dose

VORBEREITUNG

Mischen Sie die Butter mit dem Zucker und den Eiern, fügen Sie die restlichen Zutaten hinzu und mischen Sie alles gut. Den Teig auf einem gefetteten Backblech verteilen und die Vorderkante mit einem gefalteten Streifen Aluminiumfolie vor dem Auslaufen schützen.

Bei 170 ° C ca. 25 Minuten backen. Das Brot auf dem Tablett vorsichtig in quadratische Stücke (ca. 1,5 x 1,5 cm) schneiden, solange es noch warm, aber nicht mehr heiß ist.

Gekochter Schinken im Brot

Portionen: 1

ZUTATEN

- 600 g   Gekochter Schinken (Schweinefleisch gekochter Schinken), ganzes oder geräuchertes Schweinefleisch
- Für den Hefeteig:
- 250 g   Roggenmehl
- 250 g   Weizenmehl
- 1 pck.   Trockenhefe
- 1 EL   Rübenoberteile
- 2 EL   Olivenöl
- 1 Teelöffel   Salz-
- 375 ml Wasser, lauwarm
- Möglicherweise. Trockener Sauerteig, ca. 1 - 2 EL

Ebenfalls:

- Kümmel
- 1 Teelöffel Soda (Imperial Soda)
- 50 ml   Wasser

VORBEREITUNG

Mehl, Hefe, Rübengrün, Öl, Salz, Wasser und möglicherweise 1 - 2 Esslöffel trockenen Sauerteig mit einem Handmixer mit Teighaken in einer großen Schüssel ca. 5 Minuten lang kneten, bis der Teig vom Rand kommt.

Den Backofen kurz auf 50 Grad vorheizen und ausschalten. Lassen Sie den Teig 30 Minuten lang in der mit einem warmen, feuchten Küchentuch bedeckten Schüssel im ausgeschalteten Ofen aufgehen.

Den Teig mit etwas Mehl kneten und in einen runden Lappen drücken. Legen Sie das Fleisch in die Mitte und formen Sie den Teig rundum zu einem runden Brot. Legen Sie den Teig von oben nach unten auf ein mit Backpapier ausgelegtes Backblech oder in einen runden, gusseisernen Topf und lassen Sie ihn maximal 45 Minuten im lauwarmen, ausgeschalteten Ofen gehen. Machen Sie ein Loch in das Brot, damit beim Backen Wasserdampf entweichen kann.

Optional können Sie in der Zwischenzeit 50 ml Wasser mit 1 Teelöffel Kaisernatron kochen und etwas abkühlen lassen. Vor dem Backen das gebackene Brot mit etwas Backpulver bestreichen und mit Kümmel bestreuen.

Nehmen Sie das gebackene Brot kurz aus dem Ofen und heizen Sie den Ofen auf 200 Grad vor. Stellen Sie eine flache Schüssel mit heißem Wasser auf den Boden des Ofens. Das Brot auf das Backblech legen und 55 - 60 Minuten backen. Wenn Sie darauf klopfen, sollte das Brot hohl klingen.

Das Brot kann warm oder kalt gegessen werden. Zum Servieren das Brot mit dem Fleisch in Scheiben schneiden oder eine Kappe vom Brot abschneiden, das Fleisch entfernen, in dünne Scheiben schneiden und wieder in das Brot gießen. Dann kann jeder mit einer Gabel Scheiben herausnehmen und ein Stück Brot abbrechen.

Backpulver 4 Kornbrot III

Portionen: 1

ZUTATEN

- 150 g   Hafer, gefroren, gemahlen
- 150 g   Dinkel - Vollkorn, gemahlen
- 150 g   Gerste (nackte Gerste), gemahlen
- 50 g   Amaranth, gemahlen
- 1 Prise Rohrzucker
- 1 Teelöffel Salz
- 1 Beutel / n Backpulver (Zahnstein)
- 2 Teelöffel Gewürzmischung für Brot ODER
- Kümmel, Koriander, Anis + Fenchel ganz oder gemischt
- 400 ml Sprudelndes Mineralwasser

VORBEREITUNG

Hafer mindestens 1 Stunde vor dem Mahlen einfrieren. Lassen Sie alle trockenen Zutaten miteinander mischen.

Etwa 400 ml kohlensäurehaltiges Mineralwasser hinzufügen, auf niedrigem Niveau, reicht aus, gut umrühren lassen, 5-8 Minuten, dies ergibt auch eine schöne Krume.

Gießen Sie ca. 750 ml Wasser in eine Auffangwanne unter den Backformen geben.

Legen Sie den Teig in eine kleine Backform, die mit Backpapier ausgelegt ist, oder formen Sie ihn zu einem kleinen Laib. Kerben Sie den Teig ein und backen Sie ihn.

Da es sich nicht lohnt, den Ofen für dieses kleine Brot zu benutzen, backe ich drei Brote gleichzeitig. Im kalten Ofen bei 160 ° C ca. 60-70 Minuten.

Nadelprobe.

MAISBROT-SCHLAG

Portionen: 1

ZUTATEN

- 500 g   Maiskörner (kein Popcorn)
- 200 g   Kichererbsen
- 1 Teelöffel Gewürzmischung (Brotgewürz)
- 1 Teelöffel Salz
- 1 Prise Rohrzucker
- 1 ½ Beutel / n Backpulver
- 400 g   Sprudelndes Mineralwasser
- 500 ml Kefir aus 1,5% Milch

VORBEREITUNG

Mahlen Sie den Mais + Kichererbsen zusammen. Alle trockenen Zutaten
gut mischen, Kefir + Wasser zusammengeben + umrühren, es sollte wie

218

ein Teig sein, besser etwas flüssiger, es steigt besser auf. Den Teig in die mit Backpapier ausgelegte Backform geben, glatt streichen + mit dem überschüssigen Backpapier abdecken. Im kalten Ofen bei 160 ° C 70 Minuten backen, nichts ist mehr nützlich, nur die Kruste wird hart.

Mit oberer + unterer Hitze auf ca. 190 ° C und ca. 45-60 Minuten.

Bei Luftzirkulation in der Auffangwanne, die sich ganz unten befindet, ca. 500 ml Wasser mit oberer + unterer Hitze stellen Sie eine Tasse mit heißem Wasser neben die Backform.

BROT ST, ZEZKAZGAN

Portionen: 1

ZUTATEN

- 230 g   Teig (Sauerteig)
- Für den Teig: (Vor-Teig)
- 200 g   Mais, gemahlen
- 300 ml Mineralwasser
- Für den Teig: (Hauptteig)
- 100 g   Hirse, gemahlen
- 50 g   Amaranth, gemahlen
- 50 g   Brauner Reis, mittelkörnig, gemahlen
- 1 Teelöffel Koriander, mit Mahlgrad +
- 1 Teelöffel Kümmel, mit Mahlgrad
- 1 Teelöffel Salz
- 1 Prise Rohrzucker

- 125 ml Milch, ca.

VORBEREITUNG

Die Zutaten aus dem Vorteig in den Sauerteig geben + umrühren, mit einem feuchten Tuch abdecken + ruhen lassen oder bei Raumtemperatur gehen lassen. Dauer ein bis vier Stunden.

Rühren Sie den Vor-Teig + fügen Sie alle Zutaten bis zum Zucker + lassen Sie rühren, vorsichtig mit der Menge an Flüssigkeit, möglicherweise mehr oder weniger, sollte viskos sein.

In eine mit Backpapier ausgelegte 24-cm-Laibpfanne gießen, glatt streichen und bei Raumtemperatur wieder aufgehen lassen, bis der Teig deutlich angehoben ist.

Den Teig mit Flüssigkeit bestreichen + Wenn der Ofen bereits vorgeheizt ist, ca. 50-60 min bei ca. 150 ° C Heißluftofen, sonst im kalten Backofen ca. 150 ° C Heißluftofen für ca. 70 min. Nadelprobe,

Ca. 10 Minuten, vorsichtig das Backpapier greifen + auf den Kuchengitter legen + auspacken + mit Öl oder Wasser bestreichen, abkühlen + mit einem Sägemesser von unten schneiden ..

Stuten - Brot

Portionen: 4

ZUTATEN

- 1 kg Mehl (Weizenmehl)
- 2 Handvoll Zucker
- 1 Prise Salz
- 1 Dose Kondensmilch
- 1 Würfel   Hefe
- Wasser

VORBEREITUNG

Mehl, Zucker und Salz in die Schüssel geben. Kondensmilch in ein Messgefäß geben und bis zu einem halben Liter mit warmem Wasser füllen. Wichtig: Die Flüssigkeit darf niemals zu heiß sein. Halten Sie Ihre Finger sauber, idealerweise sollten Sie die Flüssigkeit überhaupt nicht fühlen. Die Hefe wird in diese Flüssigkeit zerbröckelt (übrigens auch Trockenhefe).

Rühren und kneten Sie den Teig, bis er vollständig glatt, weich und trocken ist. In der gefetteten Form eine Stunde bei 100 Grad im Ofen gehen lassen und eine weitere Stunde bei 200 Grad backen. Achtung, Elektroherde sind manchmal anders. Ich lege immer ein Stück Backpapier darauf, damit das Brot nicht zu dunkel wird.

Backpulver - Brot

Portionen: 1

ZUTATEN

- 100 g   Hafer, gefroren, gemahlen
- 200 g   Dinkel - Vollkorn, gemahlen
- 100 g   Grün geschrieben, gemahlen
- 100 g   Roggen - Vollkorn, gemahlen
- 1 Prise Rohrzucker
- 1 Teelöffel Salz
- 1 Beutel / n Backpulver (Zahnstein)
- 1 Teelöffel Gewürzmischung für Brot ODER
- Kümmel, Koriander, Anis + Fenchel ganz oder gemahlen
- 450 ml Sprudelndes Mineralwasseräh

VORBEREITUNG

Hafer mindestens 1 Stunde vor dem Mahlen einfrieren. Mischen Sie alle trockenen Zutaten.

Fügen Sie ungefähr 450 ml kohlensäurehaltiges Mineralwasser hinzu, auf einem niedrigen Niveau, genug, lassen Sie gut rühren, 5-8 Minuten, dies erzeugt auch eine schöne Krume.

Gießen Sie ca. 750 ml Wasser in eine Auffangwanne geben.

Legen Sie den Teig in eine kleine Backform, die mit Backpapier ausgelegt ist, oder formen Sie ihn zu einem kleinen Laib. Kerben Sie den Teig ein und backen Sie ihn.

Da es sich nicht lohnt, den Ofen für dieses kleine Brot zu benutzen, backe ich drei Brote gleichzeitig. Nach dem Backen das Brot mit heißem Wasser bestreichen.

Im kalten Ofen bei 160 ° C ca. 60-70 Minuten backen. Nadelprobe.

BERLIN BROT

Portionen: 1

ZUTATEN

- 250 g Butter
- 2 Teelöffel Zimt
- 1 Teelöffel Nelke (n), gemahlen
- 300 g Nüsse, gemahlen
- 100 g Nüsse, ganz
- 200 g Mandel (halb gemahlen + halb ganz)
- 60 g Kakaopulver
- 2 Eier)
- 500 g   Mehl
- ½ pck. Backpulver
- 1 Prise (n)   Salz-
- 500 g   Zucker (brauner Farinzucker)

VORBEREITUNG

Alles vermischen und im Ofen bei 150-175 ° C von oben und unten ca. 35-40 Minuten erhitzen.

Es wird am besten mit einem elektrischen Messer geschnitten, solange es noch warm ist.

MILCHROLLE

Portionen: 22

ZUTATEN

Für den Teig: (Vor-Teig

- 500 g   Weizenmehl 405
- 1 Würfel   Hefe, frisch
- 500 ml Milch, 1,5%
- Für den Teig:
- 500 g Weizenmehl 405
- 150 g) Zucker
- 50 g Margarine oder Butter
- 16 g Salz
- 10 g Backmalz

Zum Malen:

- Etwas Milch, 1,5%

VORBEREITUNG

Ich nahm dieses Rezept von Bäcker S., dem "Blogging" -Bäcker, und wandelte es in eine normale Haushaltsmenge um! Das Originalrezept ist für 10 kg Mehl und natürlich mit Margarine ausgelegt (sonst sind es keine DDR-Brötchen) !! Das Backmalz ist optional, aber für mich ist es einfach ein Teil davon: Geschmackssache! Das Rezept ist einfach super lecker und absolut sicher, dass es gelingt! Für mich das Rezept überhaupt.

Die Hefe in Milch auflösen, zum Mehl geben und einen Vor-Teig vorbereiten. Lassen Sie es an einem warmen Ort aufgehen, bis es sich verdoppelt hat (es sagt oft 1 Stunde für mich, macht nichts!). Dann die restlichen Zutaten zum Vor-Teig geben und mit dem Teighaken der Küchenmaschine mischen, bis sich eine homogene Masse gebildet hat. Weitere 30 Minuten Teigruhe (auch hier ist mir oft passiert, dass ich sie länger stehen gelassen habe).

Kneten Sie den Teig erneut auf einer leicht bemehlten Arbeitsfläche, diesmal von Hand, und formen Sie ihn zu Rollen (jeweils ca. 80 g). Auf ein mit Backpapier ausgelegtes Backblech legen. Mit Milch bestreichen.

Nun den Backofen vorheizen. Denken Sie daran, dass die Ofenlampe je nach Gerät zwischen 200 und 220 ° C gerne lügt. Wenn möglich, überprüfen Sie die Temperatur mit einem Ofenthermometer. Die tatsächliche Temperatur sollte bei etwa 200 ° C liegen.

Die Brötchen beim Kochen erneut mit Milch bestreichen. Machen Sie kurz vor dem Backen einen Schnitt und bürsten Sie erneut mit Milch. Im Ofen ca. 15 Minuten backen, aber Vorsicht: Sie bräunen wegen der Laktose schnell! Beobachten! Während der letzten 5 Minuten der Backzeit ist es besser, das Backblech um eine Stufe tiefer zu schieben (mit oberer / unterer Hitze!).

KARTOFFELPICKS NACH GRANDMA'S REZEPT

Portionen: 1

ZUTATEN

1 ½ kg Kartoffel

1 Würfel   Hefe

1 kg   Mehl

1 Handvoll   Salz-

VORBEREITUNG

Kartoffeln reiben, mit Salz bestreuen. Die Hälfte des Mehls hinzufügen und die Hefe darüber streuen. Fügen Sie die andere Hälfte des Mehls zu Ann hinzu und mischen Sie alles zusammen.

Lassen Sie den Teig in einem ofenfesten Behälter (mit einem Küchentuch abdecken) ca. 1,5 Stunden bei ca. 50 ° C füllen. Dann eine große Laibpfanne (Brotpfanne) füllen und ca. 1,5 Stunden bei 175 ° C (obere / untere Hitze).

Das Ergebnis ist ein großes Brot. Nach dem Abkühlen wird es in Scheiben geschnitten und in der Pfanne gebraten. Sie können den Pickert mit Butter, gesalzener Butter, Marmelade oder Rübengrün Ihrer Wahl bestreichen. Manche mögen es sogar mit Leberwurst.

Vollkornbrot mit Mohn und Getreide

- 500 g Dinkelmehl, Vollkorn
- 100 g Sonnenblumenkerne
- 50 g Mohn, gemahlen
- 20 g Leinsamen
- 50 g Getreideflocken (5-Kornflocken)
- 1 EL Salz-
- 400 ml lauwarmes Wasser
- 42 g Hefe (1 Würfel)

VORBEREITUNG

Mischen Sie das Dinkelmehl mit Salz, Hefe und Getreide. Die Menge
der Körner kann nach Belieben variiert werden. Bei Bedarf können Sie
auch Kürbiskerne oder andere Körner hinzufügen. Mit dem lauwarmen

Wasser wird ein glatter Teig zubereitet, der an einen warmen Ort gestellt wird, um 30 Minuten lang zu ruhen.

Dann den Teig wieder gut kneten und zu einem Laib Brot formen. Persönlich backe ich es gerne in einer Laibpfanne, weil es beim Backen nicht so stark austrocknet und später leichter zu schneiden ist.

Der Brotlaib wird nun in Stücken gekocht und bei ca. 30 Minuten bei 35 ° C im Ofen. Dann backen Sie den Brotlaib bei ca. Weitere 50 Minuten bei 200 ° C und ein super leckeres Brot ist fertig.

PARMESAN OREGANO ROLLS

Portionen: 1

ZUTATEN

- 250 g   Mehl, 405
- 100 g   Dinkelmehl
- 50 g Grieß
- 42 g Hefe, frisch
- 2 Teelöffel   Salz-
- 1 Teelöffel Zucker
- 240 ml Wasser, lauwarm
- 2 EL   Parmesan zum Bestreuen
- 2 Teelöffel Oregano, getrocknet, zum Bestreuen

VORBEREITUNG

Hefe in warmes Wasser geben und auflösen. Alle Zutaten in eine Schüssel geben und mischen, das Hefewasser hinzufügen und 10 Minuten lang gut kneten. Lassen Sie die Schüssel 20 Minuten an einem warmen Ort, z. B. in einem leicht beheizten Ofen, aufgehen.

Den Backofen auf 180 Grad vorheizen.

Den Teig leicht kneten, 12 Brötchen formen, auf ein Backblech legen und weitere 10 Minuten gehen lassen.

Den Parmesan reiben und mit Oregano mischen. Die Brötchen mit Wasser bestreichen und hineinschneiden, dann mit der Parmesan-Oregano-Mischung bestreuen und ca. 25 Minuten backen.

ZAUBERBROT (TM-REZEPT)

DIENSTLEISTUNGEN: 1

ZUTATEN

- 600 g   Ganze Mahlzeit Dinkelmehl
- 500 ml Wasser, lauwarm
- 250 g   Quark
- 50 g Haferflocken
- 1 Teelöffel Zucker
- 2 Teelöffel   Salz-
- ½ Würfel   Hefe

VORBEREITUNG

Das Rezept ist für das TM, ich habe es mit dem Krups Prep & Cook gemacht. Es sollte aber auch mit anderen Maschinen oder von Hand funktionieren.

Den Backofen auf 200 ° obere und untere Hitze vorheizen. Stellen Sie eine Tasse Wasser in den Ofen.

Legen Sie Knet- und Mehlmesser ein, füllen Sie alle Zutaten in den Topf und starten Sie das Teigprogramm P2

Eine Laibpfanne einfetten und den Teig einfüllen. Mit Kürbiskernen oder ähnlichem bestreuen.

Nach ca. 10 Minuten Backen in die Oberseite des Brotes schneiden. Weitere 50 Minuten backen. Das Brot ist fertig, wenn es hohl klingt.

Das Brot hat eine schöne Kruste und bleibt lange saftig und frisch. Viel Spaß beim Ausprobieren

FAZIT

Die Brotdiät gilt allgemein als für den täglichen Gebrauch geeignet. Weil keine wesentlichen Änderungen vorgenommen werden müssen. Die 5 Mahlzeiten pro Tag müssen jedoch eingehalten werden, damit die Fettverbrennung in Gang gesetzt werden kann. Daher ist auch die Prognose für die Ausdauer recht gut. Die Brotdiät kann ohne zu zögern mehrere Wochen durchgeführt werden. Die Notwendigkeit, Kalorien zu zählen, erfordert eine sorgfältige Planung der Mahlzeiten. Die Brotdiät ist jedoch nicht einseitig - schon allein dadurch, dass das Mittagessen normal gegessen wird. Die Brotdiät ist nur für Benutzer, die sich Zeit für Frühstück und andere Mahlzeiten nehmen können. Weil das Essen gut gekaut werden sollte.

Was ist erlaubt, was ist verboten

Es ist nicht gestattet, während der Brotdiät dicke Butter auf Brot zu streichen. Aber es ist besser, ganz auf Butter oder Margarine zu verzichten. Der Belag sollte auch nicht zu dick sein. Eine Scheibe Wurst oder Käse pro Brot muss ausreichen. Sie sollten während der Brotdiät 2 bis 3 Liter trinken, nämlich Wasser, Tee oder zuckerfreie Fruchtsäfte.

SPORT - NOTWENDIG?

Bewegung oder regelmäßiger Sport stehen nicht im Mittelpunkt einer Brotdiät. Aber es ist nicht schädlich, den Sport wie zuvor zu betreiben

Ähnliche Diäten

Wie bei der Kohldiät, dem Kohl oder bei der Saftdiät verschiedene Säfte, konzentriert sich die Brotdiät auf das Lebensmittelbrot.

Kosten der Ernährung

Zusätzliche Kosten als die für den normalen Lebensmitteleinkauf aufgewendeten müssen bei der Brotdiät nicht erwartet werden. Vollkornbrot kostet etwas mehr als Weißmehlbrot. Aber die Unterschiede sind nicht so groß. Es besteht auch keine Notwendigkeit, Bio-Produkte separat zu kaufen. Genau wie bei den anderen Einkäufen müssen Sie nur auf die Frische der Ware achten.

WAS ERLAUBT IST, WAS VERBOTEN IST

Es ist nicht gestattet, während der Brotdiät dicke Butter auf Brot zu streichen. Aber es ist besser, ganz auf Butter oder Margarine zu verzichten. Der Belag sollte auch nicht zu dick sein. Eine Scheibe Wurst oder Käse pro Brot muss ausreichen. Sie sollten während der Brotdiät 2 bis 3 Liter trinken, nämlich Wasser, Tee oder zuckerfreie Fruchtsäfte.

Die empfohlene Dauer der Brotdiät beträgt vier Wochen. Es ist aber auch möglich, es zu erweitern. Sie sollten ungefähr zwei Pfund pro Woche verlieren.

Die Tagesrationen bestehen aus fünf Mahlzeiten. Diese müssen auch eingehalten werden, um Hungergefühle zu vermeiden.

Darüber hinaus kann der Organismus auf diese Weise die wertvollen Nährstoffe optimal nutzen. Es ist auch wichtig, viel zu trinken.

Durch die ausgewogene Lebensmittelversorgung kann Brotdiät bei entsprechender Kalorienzufuhr auch für die ganze Familie durchgeführt werden. Gleichzeitig hat es auch den Vorteil, dass arbeitende Menschen es auch leicht nutzen können; Die meisten Mahlzeiten können zubereitet und dann weggenommen werden.

Bei konsequenter Durchführung kann ein Gewichtsverlust von 2-3 Pfund pro Woche erreicht werden. Letztendlich zielt die Brotdiät auf eine Ernährungsumstellung hin zu Obst und Gemüse und gesunden

Kohlenhydraten sowie weg von Fleisch und Fett. Die hohe Menge an

Ballaststoffen führt zu einem lang anhaltenden Sättigungsgefühl

Brotbackmaschine Rezeptbuch

Mehr als 50 Brotrezepte für zu Hause

Stefanie **Huber**

Alle Rechte vorbehalten.

Warnung

EINFÜHRUNG

Brot ist ein traditionelles und bekanntes Lebensmittel, das in unseren Breiten lange vor Kartoffeln, Reis oder Nudeln existierte. Da Brot nicht nur Energie, sondern auch Vitamine, Mineralien und Spurenelemente liefert, ist das Produkt als Grundlage einer Diät prädestiniert.

Brot als Nahrungsgrundlage Brot als Nahrungsgrundlage

Die Brotdiät wurde 1976 an der Universität Gießen entwickelt. Seitdem wurden viele Änderungen vorgenommen, die sich jedoch nur in Nuancen voneinander unterscheiden. Grundlage der Brotdiät ist kohlenhydratreiches Brot.

Das Brot wird aus Weizen hergestellt, daher kann das Brot je nach Art und Verarbeitung des Getreides unterschiedlich sein. Produkte mit einem hohen Vollkorngehalt werden in der Brotdiät bevorzugt. Diese Brote zeichnen sich durch einen hohen Gehalt an Spurenelementen und Mineralien aus, sie enthalten auch Ballaststoffe. Hochverarbeitetes Weißbrot ist in der Brotdiät nicht verboten, sondern sollte nur in kleinen Mengen verzehrt werden.

WIE DIE BROTDIÄT FUNKTIONIERT

Die Brotdiät ist im Grunde eine Diät, die durch Reduzierung der Kalorienaufnahme funktioniert. Die Gesamtenergiemenge für den Tag wird in der Brotdiät auf 1200-1400 Kalorien reduziert. Mit Ausnahme einer kleinen warmen Mahlzeit aus Getreideprodukten werden diese Kalorien nur in Form von Brot bereitgestellt.

Es muss kein ruckartiges Rindfleisch, magerer weißer Käse mit Kräutern oder Gemüsestreifen sein. Der Fantasie sind kaum Grenzen gesetzt, weshalb die große Anzahl an Rezepten für die Brotdiät. Zu den in der Brotdiät enthaltenen Getränken gehören Wasser und ungesüßter Tee. Zusätzlich wird vor jeder Mahlzeit ein Brotgetränk eingenommen, um die Verdauung zu unterstützen und das Immunsystem zu stärken.

VORTEILE DER BROTDIÄT

Wenn Sie beim Platzieren von Sandwiches nichts falsch machen, ist einer der Vorteile der Brotdiät, wie bei den meisten kalorienarmen Diäten, der schnelle Erfolg. Aber die Brotdiät hat andere echte Vorteile gegenüber anderen Diäten. Die Ernährung kann sehr ausgewogen gestaltet werden, sodass Sie keine Mangelerscheinungen erwarten.

Grundsätzlich kann eine Brotdiät grundsätzlich auch lange ohne zu erwartende gesundheitsschädliche Auswirkungen durchgeführt werden. Ein weiterer Vorteil ist die Leichtigkeit, mit der die Diät durchgeführt werden kann. Die meisten Lebensmittel sind kalt und können zubereitet werden. Infolgedessen kann sogar eine arbeitende Person ihre Ernährung leicht ergänzen, indem sie das mitgebrachte Brot isst, anstatt in der Kantine zu essen.

NACHTEILE DER BROTDIÄT

Die Brotdiät weist keine besonderen Nachteile auf, die mit ihrer Zusammensetzung verbunden sind. Wenn die Brotdiät jedoch nur vorübergehend durchgeführt und dann zum vorherigen Lebensstil zurückgeführt wird, tritt der gefürchtete Jojo-Effekt auch bei der Brotdiät auf. Während der Hungerphase der Diät nimmt der Grundumsatz des Körpers ab.

Nach einer Diät tritt eine Gewichtszunahme schnell und normalerweise auf einem höheren Niveau als vor einer Diät auf.

BROT, Dinkel und Roggen KEFIR MIT WÄSCHE UND BROTMÜHLE

- 240 gr Kefir (Kefirmilch)
- 180 gr Natürliche Hefe, vom Bäcker oder von Ihnen fermentiert
- 90 Gramm   Roggenmehl Typ 997
- 270 Gramm   Dinkelmehl Typ 1050
- 8 Gramm   Salz
- 4 g   Trockenhefe, ca. 1/2 Umschlag
- 30 Gramm   Leinsamen

VORBEREITUNG

Geben Sie alle Zutaten in genau dieser Reihenfolge in den Brotbackautomaten. Also zuerst die flüssigen Zutaten, dann das Mehl und schließlich die Trockenhefe und die Leinsamen.

Wählen Sie im normalen Kochprogramm 750 g Nudeln und einen intensiven Bräunungsgrad (Gesamtzeit ca. 3 Stunden). Die Zeitvoreinstellungsfunktion bis ca. Sogar 12 Stunden sind möglich. Wenn Sie also morgens aufwachen, erhalten Sie ein wunderbar duftendes, frisches und knuspriges Frühstücksbrötchen.

Wenn Sie keinen frischen Sauerteig haben, können Sie zusätzlich 90 g Roggenmehl, 90 g Wasser und Sauerteigextrakt aus dem Supermarkt oder Reformhaus verwenden und zu einem Fruchtfleisch mischen.

BROT - KIRSCH - KUCHEN

Portionen: 1

ZUTATEN

- 1 Glas   Kirschen (Inhalt 680 g)
- 150 gr Brot (e), abgestandenes Schwarzbrot
- Schlafzimmer Eier)
- 150 gr Zucker
- 1 Teelöffel   Zimt
- Butter und Semmelbrösel für die Pfanne
- Puderzucker (nach dem Kochen)

VORBEREITUNG

Die Kirschen abtropfen lassen und das Schwarzbrot zerbröckeln.
Eine Laibpfanne einfetten und mit Semmelbröseln bestreuen.

Heizen Sie nun den Backofen auf 180 Grad vor (obere und untere Hitze). Besiegen

Eier mit Zucker schaumig machen. Fügen Sie den Zimt und das zerbröckelte Brot hinzu.

Gießen Sie den Teig in die Form und verteilen Sie ihn auf den Kirschen.

Backen Sie den Kuchen etwa 50 Minuten lang auf dem mittleren Rost. Dann lassen Sie den Kuchen 10 Minuten in der Pfanne sitzen, entfernen Sie ihn und lassen Sie ihn in einer Pfanne vollständig abkühlen.

Zum Schluss mit Puderzucker bestreuen.

SONNE SIEGFRIED

ZUTATEN

- 600 gr Teig (Siegfried aus Weichweizenmehl Typ 1050)
- 300 Gramm   Weichweizenmehl Typ 1050
- 150 gr Weizenmehl, Vollkornweizen
- 170 ml Wasser, lauwarm, vielleicht weniger (ca. 150 ml)
- 2 Teelöffel   Meersalz
- ½ Packung   Trockenhefe
- 70 Gramm   Sonnenblumenkerne

VORBEREITUNG

Verarbeiten Sie alle Zutaten außer den Sonnenblumenkernen zu einer glatten Paste (vorzugsweise mit einer Küchenmaschine). Dann die Sonnenblumenkerne bearbeiten. Den Teig zu einem Laib formen und ca. 2 Stunden und vor dem Kochen mehrmals schneiden.

Während Sie auf dem BBA kochen, legen Sie den Teig in die Maschine, schneiden Sie ihn ab und kochen Sie ihn mit dem Programm "Nur kochen" (Dauer: 1 Stunde).

Oder backen Sie das Brot 50-60 Minuten im Ofen bei 175-180 ° C.

VOLLKORNBROT

Portionen: 1

ZUTATEN

- 500 g   Weichweizenmehl Typ mindestens 550 oder Dinkel- oder Roggenmehl
- 250 gr Roggenmehl
- 250 gr Vollkornmehl oder Vollkornmehl
- 100 Gramm   Kürbiskerne
- 100 Gramm   Sonnenblumenkerne
- 100 Gramm   Leinsamen, hell oder dunkel
- 2 1/2 Esslöffel, gearbeitet   Salz, 3 Die Löffel sind auch gut
- 3 EL   Rübensirup
- 2 Würfel   Frische Hefe
- 1 Liter Milchbutter

VORBEREITUNG

Die angegebenen Mengen reichen für zwei Vollbrote. Da die Backzeit ziemlich lang ist und die Energie gut genutzt werden muss, würde ich empfehlen, immer zwei Brote zu backen. Frisches Brot kann auch gut eingefroren werden.

Zuerst die Hefe mit Buttermilch und Rübensirup in einen Behälter von mindestens 2 Litern geben. Dazu die Buttermilch mit dem Rübensirup auf ca. 35 ° C dann die Hefe zerbröckeln. Es ist sehr wichtig, NIEMALS 37 ° C zu überschreiten, da dies die Hefe zerstört und das Brot nicht richtig aufgeht. Stellen Sie dann einfach die Schüssel auf die Theke und lassen Sie die Hefe ihren Job machen.

In der Zwischenzeit die Mehlmischung vorbereiten. Alle Zutaten wiegen und in eine große Schüssel geben. Mischen Sie die Mehlmischung mit den Körnern und dem trockenen Salz und machen Sie dann eine Schüssel in der Mitte.

Überprüfen Sie nun, ob die Hefe aktiviert wurde. Die Buttermilchmischung sollte nun sprudeln und deutlich aufgehen.

Gießen Sie die Buttermilch-Hefemischung in die zuvor geformte Vertiefung und mischen Sie alles zu einer homogenen Masse. Der Teig neigt zum Laufen, also wundern Sie sich nicht.

Nach dem Kneten den Teig in zwei Formen (jeweils 1,5 bis 1,8 Liter) geben und in einem auf 150 ° C vorgeheizten Ofen 2,5 Stunden auf dem zentralen Rost backen.

Brotteig / Brötchenteig

Portionen: 1

ZUTATEN

- 4 Unzen   Mehl (Weizenmehl)
- 4 Unzen   Dinkelmehl
- 4 Unzen   Mehl (Vollkornmehl)
- 4 Unzen   Mehl (Roggenmehl)
- 1 Packung   Trockenhefe
- ¼ Liter   Das Wasser

VORBEREITUNG

Messen Sie jede Mehlsorte und sieben Sie sie in eine Schüssel. Dann die Trockenhefe hinzufügen und mit einem Löffel mischen, so dass sich die Trockenhefe mit dem Mehl vermischt.

Fügen Sie nun das Wasser hinzu und kneten Sie zuerst mit einem Handmixer und einem Teighaken. Der Teig ist jetzt etwas spröde. Wenn Sie den ganzen Teig bearbeiten, arbeiten Sie mit Ihren Händen und bilden eine Kugel. Diese Kugel verbleibt nun im Behälter und wird abgedeckt und an einem warmen Ort (z. B. auf dem Herd) platziert. Der Teig sollte jetzt aufgehen.

Der Teig kann weiter bearbeitet werden, wenn eine kleine Vertiefung, die durch leichtes Drücken mit dem Finger in den Teig entsteht, sofort wieder verschwindet. Formen Sie den Teig nach Belieben (Pfanne, Oval, Nudelholz usw.) und legen Sie ihn auf ein mit Pergament oder Pergamentpapier ausgelegtes Backblech und backen Sie ihn im Ofen. Brote oder Brötchen werden bei 200 Grad gebacken, bis sie das gewünschte Goldbraun erreichen.

KANADISCHES BLUEBERRY-BROT

Portionen: 1

ZUTATEN

Für die Pasta:

- 130 Gramm   Blaubeeren (Nüsse)
- 150 ml Cranberrysaft oder Apfelsaft
- 100 Gramm   Pekannüsse
- 100 Gramm   Cheddar-Käse, gewürfelt
- 4 Unzen   Dinkelmehl Typ 630
- 250 gr Weichweizenmehl Typ 550 plus 1 zusätzliche Esslöffel für die Nussmischung
- 1 Packung   Trockenhefe
- 250 ml Lauwarmes Wasser

- ½ Teelöffel   Salz
- 6 EL   Rapsöl
- 50 Gramm   Ahornsirup

Auch:

- Knospe
- 1 EL   Das Wasser
- Etwas Fettiges für die Form

VORBEREITUNG

Die Preiselbeeren mindestens 2 Stunden oder über Nacht in Preiselbeersaft einweichen. Dann die Früchte in einem Sieb gut abtropfen lassen.

Sieben Sie die beiden Mehlsorten. Mischen Sie Salz, Trockenhefe, Wasser, Ahornsirup und Öl und kneten Sie sie mit einem Hefeteig. Lassen Sie es los, bis sich die Lautstärke verdoppelt hat.

Mischen Sie die abgetropften Blaubeeren mit dem Käse und den Nüssen und fügen Sie einen guten Esslöffel Mehl hinzu. Die Mischung mit dem Sauerteig kneten. Wenn der Teig zu klebrig wird, müssen Sie möglicherweise etwas mehr Mehl hinzufügen.

Eine 30-mm-Laibpfanne leicht einfetten, den Teig einfüllen, glatt streichen und gehen lassen, bis er bis zum Rand der Pfanne reicht. Mischen Sie das Eigelb mit dem Esslöffel Wasser und verteilen Sie es vorsichtig auf dem Brotteig.

Den Backofen auf 180 ° C hoch / niedrig vorheizen und das Brot ca. 60 Minuten backen, dann auf einem Rost abkühlen lassen.

Weizenpuppen

Portionen: 1

ZUTATEN

- 60 Gramm   Getreide (Roggen- und Weizenkörner)
- Norden. B. B. Das Wasser

VORBEREITUNG

Die Bohnen über Nacht in einem flachen Plastikbehälter in Wasser einweichen. Kippen Sie die Abdeckung, schließen Sie sie nicht. Am nächsten Morgen die Sprossen in einem Sieb abspülen, dann wieder in die Schüssel geben, gleichmäßig verteilen und wieder abdecken. Spülen Sie nun die Triebe jeden Morgen und Abend mit Wasser ab.

Nach drei Tagen verwende ich die Sprossen zum Verzehr oder Kochen oder bewahre sie 1 bis 2 Tage im Kühlschrank auf, um sie zu verarbeiten.

BAMBUS UND WILDER HONIG NÄHEN BROT

- 420 gr Dinkelmehl (Vollkornmehl)
- 20 Gramm   Frische Hefe
- 1 EL   Salz
- 1 EL   Honig, (Waldhonig)
- 150 ml Warmes Wasser für den Brotteig
- 100 Gramm   Couscous
- 150 ml Kochendes Wasser für ihn Couscous
- 4 Unzen   Bambussprossen, Glas.
- Fett zum Kochen oder Kochen von Mahlzeiten

VORBEREITUNG

100 g Couscous in eine Schüssel geben, kochendes Wasser hinzufügen und gut mischen. Nach 10 Minuten mit einer Gabel aufpumpen.

In der Zwischenzeit die Triebe in kleine Stücke schneiden und den Couscous hinzufügen.

Gießen Sie das Mehl in eine Schüssel, mischen Sie das Salz, machen Sie eine Quelle und fügen Sie den Honig hinzu.

Die Hefe in lauwarmem Wasser auflösen und über den Honig gießen.

Kneten Sie den dicken Teig und dann den Couscous-Sprossen-Teig.

Den Teig gut kneten, bis er nicht mehr am Rand der Schüssel haftet. Optional etwas mehr Mehl hinzufügen.

Legen Sie ein Handtuch über die Schüssel und lassen Sie es 30 Minuten lang ruhen.

Fetten Sie eine kleine runde oder ovale Auflaufform ein (der Teig ist so hoch gestiegen, dass er nicht mehr in eine normale Pfanne passt) und fügen Sie den Teig hinzu.

In den kalten Ofen auf den zweiten Grill von unten stellen und 30 Minuten bei 200 Grad hoch / niedrig backen.

Füllen Sie die Auffangwanne am Boden des Ofens mit Wasser vor oder stellen Sie eine Schüssel mit Ofenwasser auf den Boden des Ofens.

Nach 30 Minuten die Hitze auf 180 Grad senken und weitere 60 Minuten kochen lassen.

In den letzten 30 Minuten habe ich Folie auf das Brot gelegt, damit die Kruste nicht zu dunkel wird, sondern jeder für sich.

Diese Brotkombination wurde kreiert, weil ich Couscous nicht besonders mag, aber immer noch Reste auf Lager hatte und weil ich manchmal Bambussprossen aus einem Glas verwendete, aber noch einige im Topf hatte. Warum also nicht Brot daraus machen? .

Entgegen meinen eigenen Erwartungen stellte sich heraus, dass es wirklich lecker war!

BROT VOM BAUERN

Portionen: 1

ZUTATEN

- 500 g   Weichweizenmehl Typ 1050
- 250 gr Roggenmehl Typ 1150
- 20 Gramm   Hefe
- 10 Gramm   Kristallzucker
- 30 Gramm   Honig, flüssiger
- 15 Gramm   Butter
- 75 Gramm   Natürliche Hefe, flüssiger
- 20 Gramm   Salz
- 500 ml Heißes Wasser oder bei Raumtemperatur.
- Schüsselöl
- Mehl zum Arbeiten und Streuen

VORBEREITUNG

Die Hefe zerbröckeln und mit dem Puderzucker in 2 EL Wasser bei Raumtemperatur auflösen. Die Hälfte des Weizen- und Roggenmehls mischen und mit Wasser (vorzugsweise mit einem Teighaken) kneten.

Fügen Sie die Hefemischung noch nicht zur Mehl-Wasser-Mischung hinzu! Lassen Sie die Vormischung 30 Minuten einwirken.

Fügen Sie nun die Hefemischung mit der anderen Hälfte des Weizen- und Roggenmehls, des flüssigen Honigs, der Butter und des flüssigen Sauerteigs zum vorherigen Teig hinzu und kneten Sie bei schwacher Hitze etwa 2 Minuten lang. Mit Salz bestreuen und alles bei mittlerer Hitze ca. 5 Minuten mischen.

Den Teig in eine leicht mit Öl gefettete Schüssel geben, mit einem Küchentuch abdecken und 45 Minuten stehen lassen.

Legen Sie den Teig auf eine leicht bemehlte Arbeitsfläche und formen Sie mit bemehlten Händen einen runden Laib. Mit etwas Mehl bestreuen und auf ein mit Pergamentpapier ausgelegtes Backblech legen. Abdecken und weitere 45 Minuten ziehen lassen.

Den Backofen auf 250 ° C vorheizen (hohe / niedrige Hitze). Stellen Sie einen Behälter mit kochendem Wasser auf den Boden des Ofens. Backen Sie das Brot im unteren Drittel 10 Minuten lang. Senken Sie die Temperatur auf 200 ° C und kochen Sie weitere 50 Minuten. (Luftzirkulation wird nicht empfohlen).

LOBIANI UND HATSCHIPURI - GEORGISCHES BROT MIT BOHNEN ODER KÄSE

Zutaten

- 450 gr Weizenmehl
- 150 gr Maismehl
- 1 Eimer   Hefe oder 1 Beutel Trockenhefe
- 250 ml Wasser, Raumtemperatur
- 150 ml Kefir, Raumtemperatur
- ½ Teelöffel   Zucker
- 1 Teelöffel   Salz
- Eier)
- 4 Unzen   Mozzarella
- 200 gr Feta oder Hirtenkäse
- 100 Gramm   gouda Käse

- 1 Box   Bohnen, ca. 220 gr
- 120 gr Speckwürfel oder Speckwürfel
- Gewürzmischung (Chmeli Suneli), zum Beispiel nach meinem Rezept aus der Datenbank
- Dreckig
- Koriandersamen

VORBEREITUNG

Das Ei schlagen, Eigelb und Weiß trennen. Kühlen!

Die frische Hefe mit etwas Wasser auflösen. Trockenhefe kann direkt zum Mehl gegeben werden. Mehl wiegen, Salz und Zucker hinzufügen und gut mischen. Wenn Sie frische Hefe verwenden, machen Sie einen Brunnen, gießen Sie die geschmolzene Hefe hinein und bestreichen Sie sie leicht mit Mehl. Kefir vorsichtig einschenken und von außen verarbeiten. Fügen Sie den Rest des Wassers nach Bedarf hinzu. Kneten Sie den Teig, bis Sie einen glatten Teig erhalten. 30 Minuten ruhen lassen. Nochmals kneten und weitere 30 Minuten stehen lassen. Dann 6 gleichmäßige Kugeln mit dem Teig formen, in das Mehl rollen und ca. 15 bis 20 Minuten.

Für die Hatschipuri:

Den Käse reiben und mischen. Da hier kein echter georgischer Käse erhältlich ist, verwende ich die oben genannte Mischung, die ein gewisses Gleichgewicht zwischen "Zähigkeit" und "Geschmack" bietet, das nahe kommt. Es ist auch wichtig, Feta-Salzlösung (3-4 EL) zu verwenden. Dann die Mischung mit dem Eiweiß hinzufügen, gut mischen und im Kühlschrank lagern.

Für Lobials: abtropfen lassen

Bohnen, die einen Teil der Brühe sammeln.

Die Bohnen in einer Schüssel zerdrücken und den Speck / die Speckwürfel hinzufügen. Geh raus, wenn du musst. Dann großzügig mit Chmeli Suneli, gesalzenen und gemahlenen Koriandersamen mischen. Wenn nötig, die Nudeln mit etwas Bohnenbrühe weich machen. 1-2 Esslöffel sollten ausreichen.

Die Knödel ausrollen, der Teig kann außen etwas dünn sein.

Teilen Sie den Teig in Drittel und legen Sie einen Teil auf den Aufstrich. Flache es ein bisschen ab.

Ziehen Sie die Kante in einem Kreis zur Mitte, machen Sie kleine Falten und drücken Sie sie nach unten. Umdrehen und vorsichtig auf eine Dicke von 1 bis 2 cm verteilen.

Auf Backblechen verteilen und mit Eigelb bestreichen. Durch Konvektion bei 200 Grad ca. 20-25 Minuten backen.

Lobiami und Hatchipuri schmecken besser, wenn sie noch heiß sind!

Omas gebratene Zwiebeln

Portionen: 3

Zutaten

- 1 kg Zwiebel
- 1 Teelöffel Kreuzkümmel
- Salz und Pfeffer nach Geschmack
- 1 Scheibe / n Brot, abgestandene Lebensmittel, p. Bsp. B. Grenzen
- 1 EL   Margarine zum Kochen

VORBEREITUNG

Zwiebeln schälen und in Scheiben schneiden. Die Margarine in der Pfanne erhitzen. Fügen Sie die Zwiebel und Kreuzkümmel hinzu. Mit Salz und Pfeffer würzen und anbraten, bis die Zwiebeln schaumig und durchgegart sind.

Das Brot in Würfel schneiden und zu den Zwiebeln geben. Einige Minuten braten. Nach Geschmack würzen und servieren.

Ofenkartoffeln passen gut zusammen.

CASHEW NUTS BAGUETTE

Portionen: 2

ZUTATEN

- 75 Gramm   Nüsse
- 75 Gramm   Cashewnuss
- 20 Gramm   Frische Hefe
- 250 gr Dinkelmehl (ganz)
- 250 gr Weizenmehl
- 1 Teelöffel   Salz
- Mehl für Arbeitsplatten

VORBEREITUNG

Walnüsse und Cashewnüsse grob hacken. Die Hefe unter Rühren in 350 ml lauwarmem Wasser auflösen. Mischen Sie die beiden Mehlsorten und würzen Sie sie mit Salz, gießen Sie die geschmolzene Hefe hinein und kneten Sie, bis mit dem Teighaken des Handmixers ein homogener Teig entsteht. Die gehackten Nüsse kneten, abdecken und den Teig ca. 1 Stunde an einem warmen Ort gehen lassen.

Den Teig halbieren, mit bemehlten Händen 2 Baguettes formen. Legen Sie sie nebeneinander auf ein mit Pergamentpapier ausgelegtes Backblech und lassen Sie sie weitere 45 Minuten gehen.

In einem heißen Ofen bei hoher / niedriger Hitze bei 225 Grad etwa 20 Minuten backen.

Lassen Sie es abkühlen und genießen Sie es frisch.

SCHWEIZER SCHNITZBROT ODER HUTZELBROT

Portionen: 2

ZUTATEN

- 500 g   Birne (n), ganz getrocknet (Hutzeln, p. Zum Beispiel Schweizer Wasserbirnen oder geröstete Birnen)
- 500 g   Pflaumen, getrocknete Pflaumen oder Pflaumen werden ohne Gruben halbgetrocknet gehalten
- 40 Gramm   Frische Hefe
- 1000 Gramm   Dunkles Mehl (Typ 1060)
- 250 gr   Zucker
- 500 g   Getrocknete Feigen
- 4 Unzen   Orangenschale
- 4 Unzen   Zitronenschale
- 250 gr   Haselnuss

- 250 gr Nüsse
- 250 gr Mandeln, ungeschält, gemahlen
- 250 gr Sultana-Trauben
- 250 gr Rosinen
- 30 Gramm   Zimt Pulver
- 1 EL   Gemahlener Anis
- 1 Prise Salz
- 2 Liter Fermentierter Apfelsaft (Schwaben muss)
- 20 ganze Mandeln

VORBEREITUNG

Die Hutzeln über Nacht in einem großen Topf mit 1 bis 2 Litern Most einweichen. Am nächsten Tag zum Kochen bringen und bei geschlossenem Deckel köcheln lassen, bis die Birnen weich sind. Füllen Sie die Würze und das Wasser (zu gleichen Teilen) mehrmals, um die Schoten zu bedecken. Während sie an die Oberfläche steigen, lege ich einen geeigneten Teller über die Knöchel, der sie in die Flüssigkeit drückt. Schneiden Sie die Pflaumen und Feigen in Würfel, hacken Sie die Orangenschale und Zitronenschale, Haselnüsse und Walnüsse. Alles in eine große Schüssel geben (wir verwenden eine Plastikschale), die gehackten Mandeln, Rosinen und Rosinen hinzufügen. Mit Zimt, Anis und Salz bestreuen. Die eingeweichten Zapfen schneiden den kleinen harten Teil am Ende der Birne,

Mit etwas heißer Hutzelbrühe, Backpulver, etwas Zucker und Mehl einen kleinen Vor-Teig machen, bis er aufgeht.

Den Rest des Zuckers mit dem Teig in den Topf geben. Alles zusammenarbeiten und das Mehl nach und nach hinzufügen. Gießen Sie eine kleine Hutzelbrühe ein, um eine leicht klebrige und geschmeidige Paste zu erhalten. Es ist besser, paarweise zu arbeiten: Eine Person hält die Wanne. Dann leicht mit Mehl bestreuen, abdecken und an einem warmen Ort gehen lassen. Nehmen Sie sich etwas Zeit.

Sobald das Mehl zerbrochen ist, kneten Sie den Teig erneut und teilen Sie ihn in 10 gleiche Teile.

Brote formen und auf ein mit Pergamentpapier ausgelegtes Backblech legen. Ganze Mandeln mit heißem Wasser blanchieren, damit sich die braune Haut leicht abziehen lässt. Teilen Sie die Mandeln und drücken Sie vier Mandelhälften in jedes der geformten Brote, um ein symbolisches Kreuz zu erzeugen. Mit einem Geschirrtuch abdecken und über Nacht stehen lassen.

Am nächsten Morgen den Backofen auf 220 ° vorheizen (190 ° Heißluftofen). Das Hutzelbrot 40 bis 50 Minuten backen. Achten Sie immer darauf, dass sie oben nicht schwarz werden. Andernfalls senken Sie bitte die Temperatur im Laufe der Zeit. Die Brote sind fertig, wenn sie beim Aufprall hohl klingen. Mit dem Rest der heißen Brühe bestreichen, gut polieren und abkühlen lassen. Lassen Sie sie ein oder zwei Tage sitzen, dann schmecken sie richtig gut.

Dann wickeln wir jedes Brot in Plastikfolie. Der Hutzelbrot (auch Schnitzbrot genannt) kann lange gelagert werden, ca. 2-4 Monate. Überprüfen Sie immer wieder, ob sich unter der Folie Schimmel bildet, was bei zu nassem Brot passieren kann. Dann sofort auspacken. Wir geben viele davon als Weihnachtsgeschenke.

GANZES FRÜHLINGSBROT MIT GETREIDE

Portionen: 1

ZUTATEN

- 80 gr   Sonnenblumenkerne
- 80 gr   Sesam
- 80 gr   Leinsamen
- 250 gr Heißes Wasser
- 750 Gramm   Ganzes Dinkelmehl
- 12 Gramm   Meersalz
- 42 gr   Frische Hefe oder 14 g Trockenhefe
- 1 Teelöffel   Zucker
- 500 g   Lauwarmes Wasser
- 3 EL   Apfelessig
- Butter oder Margarine für die Form

VORBEREITUNG

Legen Sie die Sonnenblumenkerne, Sesamkörner und Leinsamen in eine große Schüssel und gießen Sie heißes Wasser darüber. Verschließen Sie den Behälter mit einem Deckel und lassen Sie die Bohnen vorzugsweise über Nacht einweichen.

Das ganze Dinkelmehl und Salz mit den eingeweichten Körnern in die Schüssel geben und alles vermischen.

Geben Sie die Hefe mit dem Zucker in ein Becherglas und geben Sie nach und nach 500 g lauwarmes Wasser hinzu, bis sich die Hefe vollständig aufgelöst hat. Zum Schluss den Apfelessig in das Hefewasser geben und alles zum Mehl in der Schüssel geben. Mischen Sie mit einem Handmixer alle Zutaten mit dem Teighaken, bis sich ein glatter Teig bildet.

Den Teig abdecken und 2 Stunden bei Raumtemperatur stehen lassen.

Eine große Pfanne mit Butter oder Margarine einfetten, den Teig in die Pfanne gießen und weitere zwei Stunden gehen lassen.

Den Teig in den kalten Ofen geben und ca. 60 Minuten bei 200 ° C hoch / niedrig backen. Nehmen Sie das Brot aus der Pfanne und kochen Sie es weitere 10 bis 15 Minuten ohne Pfanne.

Lassen Sie das fertige Brot auf einem Rost abkühlen.

Die Garzeit variiert je nach Ofen und Pfanne. Wenn nötig, stechen Sie das Brot mit einem Holzstab durch, um zu überprüfen, ob der Teig klebt. In diesem Fall das Brot etwas länger backen.

Tipp von Chefkoch.de: Da der Cadmiumgehalt von Leinsamen relativ hoch ist, empfiehlt die Bundeszentrale für Ernährung, nicht mehr als 20 g Leinsamen pro Tag zu sich zu nehmen. Der tägliche Brotkonsum sollte entsprechend aufgeteilt werden.

DELETEADO - GANZES BROT FÜR TRAY MIT 30 STOFFEN

Portionen: 1

ZUTATEN

- 675 Gramm   Mehl (ganzes Dinkelmehl)
- 30 Gramm   Hefe
- 1 Teelöffel   Salz
- ½ Teelöffel   Kreuzkümmelpulver
- 1 EL   Zucker
- 500 ml Lauwarmes Wasser
- Ein wenig Margarine oder Butter
- Sonnenblumenkerne, Sesam, Leinsamen ...

VORBEREITUNG

Eine Laibpfanne (30 s) einfetten und mit Samen bestreuen.

Mischen Sie das ganze Dinkelmehl mit Salz, Zucker und Kreuzkümmel.

Füllen Sie einen Messbecher mit lauwarmem Wasser, zerbröckeln Sie die Hefe und lösen Sie sie vollständig auf.

Fügen Sie das Hefewasser zur Mehlmischung hinzu und mischen Sie alles zusammen mit dem Teighaken. (Die Textur des Teigs sieht jetzt im Vergleich zu Brotteig wie ein harter Teig aus, aber es ist wahr!)

Gießen Sie die Mischung in die vorbereitete Pfanne und glätten Sie sie.

Stellen Sie die Form in den kalten Ofen (das ist sehr wichtig!) Und stellen Sie den Ofen jetzt auf 60 ° heiße Luft.

Sobald der Teig den oberen Rand der Pfanne erreicht hat, auf 225 ° C bringen und weitere 40 Minuten kochen lassen.

In der Form ca. 5 Minuten abkühlen lassen und dann aus der Form nehmen.

Wenn Sie Kreuzkümmel nicht mögen, können Sie ihn weglassen oder durch andere Gewürze ersetzen, aber das wäre eine Schande, denn Kreuzkümmel hält das Brot lange frisch.

Sie können Brot auch mit Weizen anstatt mit Dinkel backen (beide sind aufgrund der Nährstoffe besser frisch gemahlen!)

Sie können die Samen auch in den Teig mischen, anstatt sie in die Pfanne zu streuen, aber sie bekommen diesen unverwechselbaren Geruch nicht.

Es ist am besten, Brot in einer schwarzen Blechpfanne zu backen, aber es funktioniert auch auf andere Weise.

Wenn Sie keinen Heißluftofen haben, müssen Sie die Werte reduzieren .ca. 15-20°.

MUTTER YEAST APULIO BROT

Die Portionen; von ihnen

ZUTATEN

- 120 gr Natürliche Hefe (Mutterhefe)
- 600 gr Mehl (gedämpfter Weichweizen oder italienischer Hartweizengrieß)
- 400 gr Lauwarmes Wasser
- 20 Gramm   Meersalz aus der Mühle

VORBEREITUNG

Lassen Sie den Sauerteig dreimal 8 Stunden lang bei Raumtemperatur abkühlen. Entfernen Sie dazu 100 g einer vorhandenen Lieveto-Mutter und erfrischen Sie sie mit 50 g Weichweizenmehl Typ 550 und Wasser entsprechend der Konsistenz der Lieveto-Mutter. Sauerteig ist ein Sauerteig aus Äpfeln, Vollkornmehl und Wasser. Ich habe es selbst angehoben und benutze es seit Wochen. Wenn nicht erforderlich, wird es im Kühlschrank aufbewahrt, sollte jedoch mindestens einmal pro Woche mit 50 g Mehl und Wasser aufgefrischt werden. Es ist ein sehr empfindlicher Sauerteig.

Sieben Sie das Mehl in eine Schüssel und formen Sie einen Brunnen. Gießen Sie 400 g lauwarmes Wasser und mischen Sie es mit einem Löffel, bis das gesamte Mehl angefeuchtet ist und einen Klumpen bildet. es dauert ungefähr zwei Minuten. Decken Sie die Schüssel ab und lassen Sie den Teig zur Autolyse 2 Stunden bei 24 ° C ruhen.

Fügen Sie den Sauerteig hinzu und kneten Sie von Hand; falten Sie mit 2 Fingern in der Mitte oder mit der Blätterteigkarte; dauert ungefähr eine Minute. Decken Sie die Schüssel ab und gehen Sie

Der Teig geht 1 Stunde auf. Den Teig etwas flach drücken, mit 10 g Salz bestreuen und den Teig vom Rand bis zur Mitte falten. Den Teig wenden, die restlichen 10 g Salz darüber gießen und gleichmäßig von Kante zu Kante falten. Decken Sie die Schüssel ab und lassen Sie sie 30 Minuten stehen.

Nun den Teig dreimal alle 15 Minuten ausrollen und falten. Drehen Sie die Schüssel vom Rand bis zur Mitte ein wenig und wiederholen Sie den Vorgang einige Male, bis eine Kugel mit einer glatten Oberfläche entsteht. Der Teig wird sehr elastisch, fast gummiartig.

Wiederholen Sie nun die Dehnung und biegen Sie dreimal alle 30 Minuten. Der Teig wird immer elastischer; Wenn Sie es abdecken, können Sie sehen, dass die Nudeln sprudeln. Noch eine Stunde ruhen lassen.

Decken Sie es dann ab und lassen Sie es mindestens 12 Stunden im Kühlschrank reifen (dies kann bis zu 72 Stunden dauern). Das Ergebnis ist ein weiches und außerordentlich aromatisches Brot.

Nehmen Sie den Teig 2 Stunden vor dem Backen aus dem Kühlschrank. Legen Sie den Teig auf eine bemehlte Arbeitsfläche und formen Sie ein Rechteck, indem Sie ihn vorsichtig klopfen. Dehnen Sie die kurzen Seiten und falten Sie sie in der Mitte. Rollen

Sie sie nun wie ein Strandtuch auf der kurzen Seite. Zu einer festen Kugel mischen und 30 Minuten stehen lassen.

Heizen Sie eine Gusseisenpfanne im Ofen bei hoher / niedriger Hitze auf 250 ° C vor. Mahlen Sie dann den Teig zu einer Kugel und schneiden Sie ihn mit einer Rasierklinge, ein oder zwei länglichen Schnitten.

Legen Sie das Brot auf Pergamentpapier und legen Sie es in die vorgeheizte Pfanne. Decken Sie und kochen Sie 45 Minuten auf dem untersten Rost. Nehmen Sie dann den Deckel ab und kochen Sie weitere 15 Minuten (unser Herd dauert nur etwa 7-10 Minuten).

Lassen Sie das Brot auf einem Rost abkühlen und öffnen Sie es spätestens 2 Stunden später. Ansonsten alles was du tun musst

es ist praktisch, praktisch, praktisch: das Brot ist jedes Mal anders, das Mehl spielt eine Rolle (jeder Beutel unseres Müllers ist etwas anders), die Temperatur, das Wasser und der Sauerteig spielen eine Rolle; Lass es auch los oder dehne es und biege es.

Mit diesem Grundrezept mache ich auch starkes und herzhaftes Brot. Dazu wird nur das Mehl gewechselt. Vollkornroggenmehl, Vollkornmehl, Dinkelmehl.

KARTOFFELBROT

Portionen: 1

ZUTATEN

- 300 Gramm   Ofenkartoffeln, geschält und abgekühlt
- 250 gr Mehl (ganzes Roggenmehl)
- 250 gr Das Wasser
- 150 gr Natürliche Hefe (ganzer Roggensauerteig)
- 450 gr Weiches Mehl
- 2 EL   Salz
- ½ Teelöffel   Gemahlener Koriander
- 1 Teelöffel   Kreuzkümmelsamen
- 1 Packung   Hefe (Trockenhefe) oder 1 Würfel Hefe

VORBEREITUNG

Mischen Sie die lauwarmen Kartoffelpürees gut mit Vollkornmehl, Sauerteig und Wasser (verwenden Sie für kalte Kartoffeln nur heißes Wasser) (Tipp: Am einfachsten ist es, die 4 Zutaten in die Küchenmaschine zu geben und sie hacken zu lassen) und stehen zu lassen. über Nacht in einer größeren Schüssel.

Die anderen Zutaten hinzufügen, kneten, bis ein Teig entsteht (ggf. etwas mehr Wasser hinzufügen) und 1 Stunde an einem warmen Ort abgedeckt stehen lassen, nochmals kurz kneten, zwei Brote formen, mit Wasser bestreichen, diagonal mit einem erhabenen schneiden Messer. noch eine halbe Stunde.

Bei 220 Grad ca. 60 Minuten backen.

PHILADELPHIA-CREME

Portionen: 1

ZUTATEN

- 200 gr Keks (russisches Brot)
- 75 Gramm   Butter
- 250 gr Gemischte Beeren, gefroren
- 600 gr Frischkäse (Philadelphia)
- 300 Gramm   Joghurt, 0,1% Fett
- 5 EL   Marmelade (Beerenmarmelade)
- 6 Blatt Gelatine, weiß
- 75 Gramm   Zucker

VORBEREITUNG

Gesamtzeit ca. 3 Stunden und 30 Minuten

Legen Sie das russische Brot in einen Gefrierbeutel und zerbröckeln Sie es mit einem Nudelholz. Die Butter schmelzen, mit den Krümeln mischen und in eine gefettete Federform drücken.

Mischen Sie die Beeren. Werfen Sie das Philadelphia mit der Joghurt- und Beerenmarmelade. Die Gelatine einweichen, auspressen und mit Zucker und Fruchtpüree erhitzen, bis sie sich aufgelöst hat. Mischen Sie schnell die Sahne. Alles in die Form geben und 3 Stunden im Kühlschrank lagern. Nach Belieben mit roten Früchten dekorieren.

Gebackener Schinken im Brot

Portionen: 1

ZUTATEN

- 1 ½ kg Kasseler (Kamm)
- 2 ½ kg Brotteig (Schwarzbrotteig)
- Salz und Pfeffer
- 1 Prise Basilikum
- Wenn möglich 1 Prise Knoblauchgranulat oder Knoblauchcreme

VORBEREITUNG

Kombinieren Sie Salz, Pfeffer, Basilikum, eine Prise Knoblauch oder andere (nach Geschmack). Den Kasselerkamm am Vortag mit einer Gewürzmischung einreiben und in den Kühlschrank stellen.

Verteilen Sie den Brotteig gleichmäßig (1 bis 2 cm dick) (nicht zu dünn, sonst macht der Saft den Teig weicher). Reiben Sie den Schinken erneut mit der Gewürzmischung ein und rollen Sie ihn in den Teig. Stellen Sie sicher, dass der Schinken vollständig bedeckt und der Teig fest verschlossen ist. Markieren Sie leicht die Oberseite des Teigs.

Backen Sie alles auf einem mit Pergamentpapier (vorzugsweise einem Rost) ausgelegten Backblech 4 Stunden lang bei 200 ° C auf dem zentralen Rost. Schneiden Sie die Kruste so weit wie möglich oben und großzügig ab, damit Sie den Schinken in Scheiben schneiden und so servieren können, wie er ist (nicht an den Seiten).

Die Kruste wird beim Backen ziemlich hart, aber ein Ratschlag: Der Teig im Inneren wird von der Sauce aufgenommen, er schmeckt extrem lecker!

GANZES SEMOLINA-BROT

Zutaten

- 300 ml Lauwarmes Wasser
- 1 Packung Hefe (Trockenhefe)
- 4 EL Olivenöl
- 150 gr Mais
- 350 gr Mehl (Vollkornmehl)
- 4 EL Estragon
- 1 EL Basilikum
- ½ Teelöffel Meersalz

VORBEREITUNG

Zuerst die Hefe in den Behälter geben und lauwarmes Wasser einfüllen. Die Trockenhefe muss zuerst die Flüssigkeit aufnehmen und etwas aktiver werden, dann eine gute halbe Stunde warten.

Fügen Sie nun nacheinander die Zutaten hinzu: Mehl, Basilikum, Estragon, Olivenöl, Salz und Maiskörner.

Stellen Sie die Maschine auf Vollkornbrot und 500 g Brot. Das war's.

VEGAN STRAWBERRY BROT DESSERT

Portionen: 8

ZUTATEN

- 450 gr Brot, eines Tages gewürfelt
- 230 ml Mandelmilch (Mandelgetränk)
- 3 EL   Lebensmittelstärke
- 230 ml Kokosmilch
- 120 ml Zucker
- 2 EL   Frisch gepresster Zitronensaft
- 1 EL   Reiner Vanilleextrakt
- ½ Teelöffel   Zimt Pulver
- 460 Gramm   Erdbeeren, in 1 cm dicke Scheiben schneiden
- Für das Sahnehäubchen:
- 230 gr Kristallzucker

- 1 EL Mandelmilch (Mandelgetränk)
- ½ Teelöffel Reiner Vanilleextrakt
- 1 EL Raffiniertes Öl (Kokosöl), gelöst

VORBEREITUNG

Den Backofen auf 180 Grad vorheizen. Eine Pfanne leicht einfetten (vorzugsweise quadratisch, 20 cm).

Legen Sie die Brotwürfel in eine große Schüssel. Mischen Sie die Mandelmilch mit der Maisstärke in einer anderen Schüssel, damit sie schmilzt. Die Milchstärkemischung mit Kokosmilch, Zucker, Zitronensaft, Vanilleextrakt und Zimt mischen und über das Brot gießen. Alles gut mischen. Das Brot muss ausreichend abgedeckt sein. 15 Minuten stehen lassen, damit das Brot gut einzieht. Fügen Sie die Erdbeeren hinzu und legen Sie alles in die quadratische Pfanne. Verteile es gut, es sollte relativ flach sein. 30 bis 35 Minuten backen, bis es hellbraun wird und beim Drücken fest aussieht. In der Zwischenzeit den Puderzucker in eine große Puderzuckerschale geben. Mandelmilch, Vanilleextrakt und Kokosöl hinzufügen und glatt rühren.

GEBACKENES PULVER II

Portionen: 1

ZUTATEN

- 200 gr Dinkel - Vollkornweizen, gemahlen
- 150 gr Roggen - Vollkorn, gemahlen
- 150 gr Gerste (nackte Gerste), gemahlen
- 1 Prise (n) brauner Zucker
- 1 Teelöffel Salz
- 1 Beutel / n Bäckerhefe (Zahnstein)
- 2 Teelöffel   O Brotgewürzmischung
- Kreuzkümmel, Koriander, Anis + ganzer oder gemischter Fenchel,
- 450 ml Eine Limo

VORBEREITUNG

Alle trockenen Zutaten mischen lassen. Fügen Sie etwa 450 ml sprudelndes Mineralwasser hinzu, bei niedriger Temperatur ist dies ausreichend, lassen Sie es gut mischen, 5-8 Minuten, es entsteht auch eine schöne Krume.

Gießen Sie ca. 750 ml Wasser in einer Auffangschale unter den Backformen.

Legen Sie den Teig auf ein kleines Backblech mit Pergamentpapier oder formen Sie ein Brötchen, schneiden Sie den Teig + backen Sie.

Da sich der Ofen für dieses Brötchen nicht lohnt, mache ich drei Brote gleichzeitig. Im kalten Ofen bei 160 ° C ca. 60 bis 70 Minuten.

Nadelprobe.

BERLIN BROT

Portionen: 1

ZUTATEN

- 500 g   Mehl
- 500 g   Zucker
- 160 gr Butter
- 250 gr Mandeln, Vollkornprodukte, in Schale
- 2 EL   Kakao
- 2 Proteine
- Eier)
- 2 Teelöffel   Zimt Pulver
- ¼ Teelöffel   Piment, gemahlen
- 1 Packung   Hefepulver
- 1 Prise (n)   Salz
- Knospe

VORBEREITUNG

Den Backofen auf 180 ° C vorheizen (hohe / niedrige Hitze). Decken Sie ein Backblech mit Pergamentpapier ab.

Mischen Sie den Zucker, Butter, Weiß und Ei. Das Mehl mit den Gewürzen, dem Kakao und dem Backpulver mischen und zu den Mandeln geben.

Auf dem Backblech verteilen, mit Eigelb bemalen, ca. 30 Minuten backen. In heiße Streifen schneiden. Das Brot ist zunächst sehr abgestanden, nach einigen Tagen wird es weich und matschig.

BERLIN BROT

Portionen: 1

ZUTATEN

- 250 gr Kandiszucker (Krümelbonbon)
- 150 ml Milch oder Sojamilch
- 250 gr Mehl
- 1 Teelöffel Backpulver
- 4 Unzen   Nüsse, gemischt
- 1 Teelöffel Zimt
- 1 Teelöffel gemahlene Nelken
- 1 EL   Kakaopulver
- 1 Schuss   Vielleicht Rum

VORBEREITUNG

Lösen Sie die Zuckerwatte in der Milch bei schwacher Hitze (es dauert lange). Wiegen Sie die Nüsse und hacken Sie sie etwa zur Hälfte, wobei der Rest ganz bleibt. Wenn sich die Kandiszucker in der Milch aufgelöst haben, lassen Sie die Mischung unter gelegentlichem Rühren auf „lauwarm" abkühlen, da sie nicht gefrieren sollte. Kneten Sie nun alle Zutaten, bis Sie einen glatten Teig erhalten (der Teig wird ziemlich fest sein).

Legen Sie den Teig in eine gefettete Form (20 x 30 cm) und glätten Sie ihn oder drücken Sie ihn mit nassen Händen zusammen. Backen Sie das Brot etwa eine halbe Stunde lang bei 180 ° C, schalten Sie es aus und schneiden Sie es sofort in Würfel. In einer geschlossenen Schachtel aufbewahren.

Das Brot ist ziemlich hart, aber es schmeckt köstlich.

WESTERWALD POTATO FRIED BROT

Portionen: 1

ZUTATEN

- 400 gr Mehl Typ 550
- 5 m breit   Papa
- Eier)
- 1 Eimer   Hefe
- 1 voller Teelöffel   Salz
- 130 ml Erhitzte Milch
- 130 ml Kaltes Wasser

VORBEREITUNG

Rohe Kartoffeln waschen, schälen und reiben (wie bei Kartoffelpuffer). Fügen Sie die heiße Milch hinzu und gießen Sie das kalte Wasser hinein.

Mit dem Backpulver zerbröckeln, das Ei hinzufügen, 1 Teelöffel Salz hinzufügen und das Mehl hinzufügen. Alles kneten, bis ein homogener Teig entsteht (mit den Händen oder mit der Küchenmaschine). Der Teig sollte gut geknetet werden, damit die geriebenen Kartoffeln gleichmäßig im Inneren verteilt sind.

Lassen Sie den Teig ca. 30 Minuten in einer Schüssel an einem warmen Ort ruhen.

Nochmals kurz mit den Händen kneten und einen Topf oder eine Laibpfanne füllen und abdecken und ca. 1 Stunde kochen lassen.

Den Backofen auf 220 ° C vorheizen.

Stellen Sie die Pfanne 20 Minuten lang bei 220 ° C auf den unteren Rost, senken Sie dann die Temperatur auf 200 ° C und backen Sie das Brot weitere 30 Minuten lang.

Aus der Pfanne nehmen und bei Bedarf weitere 10 Minuten ohne Pfanne auf einem Rost kochen, um von allen Seiten eine schöne goldene Kruste zu bilden.

BULBENIK KARTOFFELKUCHEN (BROT)

Portionen: 1

ZUTATEN

- 1 Kilogramm   Rohe Kartoffeln
- 750 Gramm   Mehl
- 10 g Hefe
- 250 ml Lauwarmes Wasser
- 2 Eier)
- 60 ml   Öl (Sonnenblumenöl)
- 1 ½ Teelöffel   Salz

VORBEREITUNG

Sieben Sie das Mehl in eine Schüssel. Die Hefe in lauwarmem Wasser auflösen und ca. 10 Minuten an einem warmen Ort ruhen lassen. Mit dem Mehl einen elastischen Hefeteig formen. Den fertigen Teig abdecken und ca. 30 Minuten gehen lassen.

In der Zwischenzeit die Kartoffeln fein reiben und in einem Sieb abtropfen lassen. Sie müssen sie nicht auf einem Tuch abtropfen lassen, sondern nur auswringen. Mit den Eiern, Öl und Salz mischen. Zum Sauerteig geben und kneten. Fügen Sie bei Bedarf etwas mehr Wasser hinzu. Nochmals abdecken und 20 Minuten stehen lassen.

Während dieser Zeit den Backofen belüftet auf 180 ° C vorheizen. Ein Backblech (oder 2 Kuchenformen) einfetten. Rollen Sie den Teig nach Ablauf der Standzeit in die gewünschte Form und legen Sie ihn auf das Backblech / die Kuchenform.

Im vorgeheizten Backofen ca. 1,25 Stunden backen.

Es passt gut zu Gerichten, die reich an Soße sind, wie Soße, Gulasch und Aufschnitt. .Fleisch, weil es Saucen sehr gut aufnimmt. Aber es schmeckt auch köstlich, nur mit Butter überzogen.

MALTESISCHES BROT

Portionen: 1

ZUTATEN

- 600 gr Weizenmehl
- 10 Gramm   Salz
- 15 Gramm   Zucker
- 15 Gramm   Margarine
- 25 Gramm   Hefe
- 345 ml Lauwarmes Wasser
- 1 EL   Milch

VORBEREITUNG

Mischen Sie das Mehl mit dem Salz in einer Schüssel. Fügen Sie die anderen Zutaten hinzu und mischen Sie alles gut für ca. 10 Minuten.

Decken Sie die Schüssel fest mit einem feuchten Tuch ab und lassen Sie sie eine Stunde lang an einem warmen Ort stehen.

Dann den Teig in drei Teile teilen, die jeweils ein Fladenbrot bilden und auf ein Backblech legen. Die Brote schneiden, mit Mehl bestreuen und weitere 15 Minuten stehen lassen.

Backen Sie das Brot in einem vorgeheizten Ofen bei 230 ° C etwa 10 Minuten lang, senken Sie es dann auf 200 ° C ab und beenden Sie das Backen in etwa 30 Minuten.

Mit der Schlagmethode kann festgestellt werden, ob das Brot gebacken ist - wenn es gebacken wird, sieht es hohl aus.

Walnuss- und Schokoladenbrot

Portionen: 1

ZUTATEN

Für die Pasta:

- 400 g Mehl
- 1 Päckchen Trockenhefe
- 50 g Zucker
- 1 Prise (n)   Salz
- Eier)
- 125 g Frischkäse
- 5 Tropfen   Bitterer Mandelgeschmack

Für das Futter:

- 50 Gramm   Rosinen
- 2 EL   Ron

- 100 Gramm   Mandelblättchen
- 75 Gramm   Schokoladenstückchen
- 4 EL   Aramello-Sauce

Auch:

- Mehl zur Arbeit
- Knospe
- 2 EL   Sahne

VORBEREITUNG

Mischen Sie das Mehl mit dem Backpulver. Zucker, Salz, Ei, Sauerrahm und Mandelgeschmack hinzufügen und mischen. Den Teig 1 Stunde ruhen lassen.

Tauchen Sie die Rosinen in den Rum. Den Teig auf einem bemehlten Teigbrett ausrollen und ein Rechteck von ca. 30 x 40 cm bilden. Mischen Sie die Rum-Rosinen mit der Mandel-, Schokoladen- und Karamellsauce. Über den Teig verteilen und einen kleinen Rand hinterlassen. Rollen Sie auf der langen Seite. Schneiden Sie die Rolle der Länge nach in zwei Hälften und drehen Sie die beiden Teile vorsichtig, um eine Schnur zu bilden. Auf dem Backblech eine Girlande formen und 10 Minuten stehen lassen.

Den Backofen auf 200 Grad vorheizen. Das Eigelb mit der Sahne mischen und den Teig ausrollen. Backen Sie für ungefähr 35 Minuten.

GROSSES KARINBROT   GLUTENFREIES

Portionen:

ZUTATEN

- 2 Tassen / n gemischtes Mehl (Maisstärke, Kartoffelmehl, Reismehl)
- 1 Tasse Haferflocken, herzhaft
- 0,33 Tasse Buchweizen
- 0,33 Tassen Samen oder Nüsse, gemischt (Sonnenblume, Kürbis usw.)
- 1 Eimer   Frischhefe oder Trockenhefe *
- 1 EL   Zucker
- 2 EL   Apfelessig oder Balsamico-Essig
- 2 Teelöffel   Salz

VORBEREITUNG

Mischen Sie die Hefe mit dem Zucker in einer Tasse lauwarmem Wasser; Seien Sie vorsichtig, je mehr Sie multiplizieren, desto besser ist es, ein großes Glas zu nehmen und es nur zur Hälfte zu füllen. Zur Seite legen.

In der Zwischenzeit: Mehl, Haferflocken, Buchweizen (ca. 1 Handvoll), Samen und Nüsse (ca. 1 Handvoll) in die Küchenmaschine geben und alles trocken mischen.

Dann die gut fermentierte Hefemischung, den Essig (vorzugsweise dunklen Balsamico für die Farbe) und das Salz hinzufügen und gut mischen. Bereiten Sie den Topf Hefe mit mehr lauwarmem Wasser vor und fügen Sie ihn nach und nach hinzu, bis eine glatte Paste entsteht. Legen Sie nun ein Küchentuch darauf (damit der Teig keine Zugluft aufweist) und lassen Sie ihn ca. 30 Minuten ruhen.

Nochmals umrühren und auf ein mit Pergamentpapier ausgelegtes Backblech legen. Weitere 30 Minuten stehen lassen.

KALT backen und bei 175 ° C bei hoher / niedriger Hitze ca. 1 Stunde kochen lassen. Speicheltest: Wenn der Spieß beim Entfernen noch feucht ist, kochen Sie ihn weitere 10 Minuten.

Nach dem Abkühlen (über Nacht) in Scheiben schneiden und einzeln einfrieren, was nicht sofort erforderlich ist. Da das Brot keine Zusatzstoffe enthält, ist es sehr leicht verderblich.

Nehmen Sie es 5 Minuten vor dem Essen aus dem Gefrierschrank, lassen Sie es bei Raumtemperatur auftauen, dann ist es frisch.

Persönlich schmeckt es viel besser als im Laden gekauftes glutenfreies Brot, hält Sie länger satt, enthält keine Zusatzstoffe und ist viel billiger.

Stellen Sie bei der Verwendung von Bio-Hefe sicher, dass diese als "glutenfrei" gekennzeichnet ist. Dies ist nicht bei allen Bio-Hefen der Fall.

REZEPT FÜR DIE VORBEREITUNG DER BLÄTTER

Portionen:

ZUTATEN

- 600 gr Roggen, fein gemahlen (ganzes Roggenmehl)
- 1250 ml Wasser
- 3 EL   Molke, heiß oder mit Milch

VORBEREITUNG

Mahlen Sie am ersten Tag 200 g Roggen zu feinem Vollroggenmehl, mischen Sie es gut mit 250 ml lauwarmem Wasser und Buttermilch (Milch) und legen Sie es abgedeckt in eine große Schüssel an einen warmen Ort bei etwa 24 Grad.

Nach 24 Stunden 100 g fein gemahlenen frischen Roggen und 250 ml Wasser hinzufügen, gut mischen und warm halten.

Wiederholen Sie den gesamten Vorgang noch dreimal. Sie werden feststellen, dass sich bereits nach einem Tag schöne Luftblasen bilden. Nach nur zwei Tagen beginnt der Sauerteig gut zu riechen.

Mit diesem Rezept können Sie wunderbare Sauerteigbrote machen. Sie können den versiegelten Sauerteig 6 bis 8 Wochen im Kühlschrank aufbewahren.

SCHNELLE PLATTENROLLEN

Portionen: 1

ZUTATEN

- 150 gr Dinkel, frisch gemahlen
- 50 Gramm   Weichweizenmehl, 550 s
- 2 EL   Polenta
- 1 EL   Natives Olivenöl extra
- ½ Teelöffel   Salz
- 15 Gramm   Hefepulver
- 2 EL   Mischkörner (Flachs, Sonnenblume, Kürbis, Mohn)
- 120 ml Das Wasser

VORBEREITUNG

Mischen Sie alle Zutaten zu einem Teig und formen Sie 4 Brötchen und drücken Sie sie ein wenig flach. Erhitzen Sie eine ausgekleidete Pfanne bei mittlerer Hitze, legen Sie die Brötchen in die Pfanne und kochen / braten Sie sie auf jeder Seite etwa 12 Minuten lang bei schwacher Hitze bei geschlossenem Deckel, bis sie hellbraun werden.

Ich koche mit einem Gasherd, daher kann ich keine Informationen über eine andere Wärmequelle geben.

MÜNSTERLÄNDER Bauernstuten

ZUTATEN

Für den vorherigen Teig:

- 200 gr Vollkornroggenmehl
- 2 g Hefe
- 300 ml lauwarmes Wasser
- Für den Hauptteig:
- 950 Gramm   Weichweizenmehl Typ 550
- 350 gr Milchbutter
- 50 Gramm   Butter
- ½ Würfel   Hefe
- 2 EL.   Salz
- Mehl für die Arbeitsfläche

VORBEREITUNG

Am Tag zuvor für die Roggenvormischung die Hefe im Wasser auflösen und das Roggenmehl hinzufügen. Bei Raumtemperatur stehen lassen.

Mischen Sie am Tag des Kochens die vorherige Roggenpaste gut mit den anderen Zutaten. Bilden Sie mit Ihren Händen ein Rechteck oder drücken Sie es zusammen und falten Sie den Teig nach rechts und links, drehen Sie ihn ein wenig und falten Sie ihn erneut.

45 Minuten stehen lassen. Mehl ein Geschirrtuch und legen Sie es in einen Topf oder ein Sieb. Schneiden Sie den Teig in zwei Hälften, legen Sie ihn auf Ihre Arbeitsplatte und schauen Sie sich um, um eine Kugel zu formen. Legen Sie den Teig mit der glatten Seite nach oben in die Schüssel oder das Sieb. 1h30 ruhen lassen.

Den Elektroherd auf 250 ° vorheizen, die Auffangwanne von unten mit Wasser füllen. Legen Sie die beiden Brotbällchen mit der unebenen Seite nach oben auf das bemehlte Backblech. 10 Minuten bei 250 ° backen, dann weitere 40 Minuten bei 190 °.

Hinweis: Wenn Sie es schnell erledigen müssen, reichen 3-4 Stunden Pause zum Vorkneten aus.

JOGURT SNEAKERS

Portionen: 1

ZUTATEN

- 130 Gramm   Joghurt (Joghurt trinken)
- 2 Teelöffel   Feiner Zucker
- 1 Teelöffel, geebnet   Salz
- 10 Gramm   Trockenhefe
- 190 g Weichweizenmehl Typ 405
- 3 Esslöffel natives Olivenöl extra
- Norden. Mehl bestreuen
- Norden. B. Trommelfett

VORBEREITUNG

Den dicken Joghurt auf 30 ° C erhitzen. Zucker, Salz und Hefe auflösen. Lassen Sie die Hefe 10 Minuten einwirken.

Wiegen Sie das Mehl in einer Schüssel und kneten Sie es mit der Hefe, bis Sie einen krümeligen Teig erhalten. 2 Esslöffel Olivenöl einkneten und mindestens 12 Minuten kneten, um einen glatten und glänzenden Teig zu erhalten. Bilden Sie einen typischen Schuh, legen Sie ihn auf ein gefettetes Backblech, bestreichen Sie ihn mit dem restlichen Olivenöl und bestreuen Sie ihn mit etwas Mehl. 8 Stunden bei ca. 30 ° C.

Den Backofen (mit einer Platte im unteren Kanal, gefüllt mit heißem Wasser) auf 200 ° C hohe / niedrige Temperatur vorheizen.

Die Ciabatta auf dem zentralen Grill bei schwacher Hitze 35 Minuten lang kochen, bis sie leicht gebräunt ist. Nach 10 Minuten die Hitze auf 180 ° C senken.

Verbrauchen Sie Ciabatta innerhalb von 1 bis 3 Tagen.

Hinweis: Ciabatta ist ein Begriff, der sich anfänglich auf Form bezieht und sich im Dialekt auf einen abgenutzten Pantoffel, eine Bergkiefer, bezieht. Typisch für einen Ciabatta-Teig ist die lange Garzeit von bis zu 12 Stunden (je nach Temperatur), die er mit dem Baguette gemeinsam hat. Die breitporige Textur des Brotes ist ein weiteres Merkmal und erfordert ein Mehl mit einem hohen Glutengehalt. Der Zucker ermöglicht es der Hefe, genügend Nahrung zu finden, damit die Poren erscheinen können. Es gärt um 8 Uhr vollständig. Die lange Garzeit verleiht der Ciabatta einen typischen leicht bitteren Geschmack, den eine Turbo-Ciabatta nicht hat.

ACIDIC BROT DOUGH

Portionen: 1

ZUTATEN

- 200 gr Roggenmehl
- 1 Tasse Sauerteig, frag den Bäcker
- 2 Tassen   Lauwarmes Wasser
- 1000 Gramm Weizenmehl oder Vollkornmehl
- 1 ½ Esslöffel Salz
- 700 ml Wasser, l
- 10 g Butter

VORBEREITUNG

Der Tag davor:

Mischen Sie 200 g Roggenmehl mit 2 Tassen Wasser und dem Backpulver und lassen Sie es über Nacht an einem warmen Ort stehen.

Der Tag der Vorbereitung:

Nehmen Sie 1 Tasse Sauerteig heraus und stellen Sie ihn für das nächste Kochen wieder in den Kühlschrank (er kann mehrere Wochen gelagert werden).

Butter zwei 1 kg Laib Dosen.

Fügen Sie 1000 g Sauerteigmehl hinzu und mischen Sie 1,5 Esslöffel Salz mit dem Mehl. 700 ml Wasser hinzufügen und alles gut mischen. Der Teig kann von Hand oder maschinell hergestellt werden. Das Schmelzen des Brotes sollte 3-5 Minuten dauern. Den Teig auf den Formen verteilen. Mit etwas Wasser glatt, entsteht eine schöne Kruste.

1 bis 1,25 Stunden bei 55 ° C im Ofen stehen lassen. Es kann auch länger dauern. Der Teig sollte die Spitze erreichen.

Dann 1 Stunde bei 160 ° C - 165 ° C im Ofen backen. Schalten Sie einfach den Ofen ein.

Die obere Kruste des fertigen Brotes mit Wasser bestreichen, um dem Brot Glanz zu verleihen. Nehmen Sie das Brot nach dem Backen sofort aus der Pfanne. Lösen Sie gegebenenfalls die Kante leicht mit einer Kelle.

MEINE SNEAKERS

Portionen: 1

ZUTATEN

- 190 Gramm Weichweizenmehl Typ 405 oder Ciabatta-Mehl
- 120 gr Bier (Pils oder Lager)
- 2 Teelöffel Zucker
- 1 Teelöffel, geebnet Salz- oder Hühnerbrühe (Kraftbrühe)
- 2 EL Olivenöl
- 10 Gramm Trockenhefe
- Norden. B. B. Mehl zum Bestreuen

VORBEREITUNG

Erhitze das Bier auf 30 Grad. Zucker, Salz und Hefe auflösen. Lassen Sie die Hefe 10 Minuten einwirken. Wiegen Sie das Mehl in einer Schüssel und kneten Sie es mit der Hefe, bis Sie einen krümeligen Teig erhalten. In Olivenöl kneten und mindestens 12 Minuten kneten, bis sich ein glatter und glänzender Teig bildet. Bilden Sie einen typischen Schuh, legen Sie ihn auf ein gefettetes Backblech, bestreuen Sie ihn mit etwas Mehl und bedecken Sie ihn etwa 8 Stunden lang bei etwa 30 Grad.

Heizen Sie den Ofen mit einem Teller mit heißem Wasser (auf der niedrigsten Stufe) auf 200 Grad vor und kochen Sie die Ciabatta bei mittlerer bis niedriger Hitze 35 Minuten lang, bis sie hellbraun wird. Verbrauchen Sie Ciabatta innerhalb von 1 bis 3 Tagen.

Anmerkung:

Ciabatta ist ein Begriff, der sich zunächst auf die Form bezieht und sich im Dialekt auf einen abgenutzten Pantoffel, eine Bergkiefer, bezieht. Typisch für einen Ciabatta-Teig ist die lange Backzeit von bis zu 12 Stunden (abhängig von der Temperatur), die er mit dem Baguette gemeinsam hat. Ein weiteres Merkmal ist die Struktur von grobporigem Brot und erfordert Mehl mit einem hohen Glutengehalt. Der Zucker ermöglicht es der Hefe, genügend Nahrung zu finden, damit die Poren erscheinen können. Es gärt um 8 Uhr vollständig. Die lange Garzeit verleiht der Ciabatta einen typischen leicht bitteren Geschmack, den eine Turbo-Kiabatta nicht hat.

WUPPERTAL COUNTRY BROT

Portionen: 2

Zutaten

- 500 g Weichweizenmehl Typ 405
- 100 Gramm   Roggenmehl Typ 1150
- 100 Gramm   Dinkelmehl
- 20 Gramm   Gebackenes Malz
- 1 Eimer   Hefe
- 1 EL   Zucker
- Etwas über das Wasser
- 1 Teelöffel Salz
- 1 Teelöffel Brotgewürzmischung
- Mehl für die Arbeitsfläche

Für den Sauerteig:

- 400 gr Roggenmehl Typ 1150
- 400 gr Wasser, 35 ° C.

VORBEREITUNG

Zur Herstellung von natürlicher Hefe:

Alles bei Raumtemperatur vorbereiten. Die Wassertemperatur sollte 35 ° C betragen.

Mischen Sie 100 g Wasser mit 100 g Roggenmehl und lassen Sie es einen Tag stehen.

Nochmals 100 g Wasser und 100 g Roggenmehl hinzufügen, mischen und über Nacht stehen lassen.

Am vierten Tag 200 g Wasser und 200 g Roggenmehl hinzufügen.

Jetzt haben wir 800 g Sauerteig. Gießen Sie 100 g davon in ein geschlossenes Glas. Dies wird für eine Woche oder länger im Kühlschrank aufbewahrt.

Wenn Sie den Sauerteig am Tag vor seiner Verwendung verteilen, fügen Sie 100 g Wasser (35 ° C) und 350 g Roggenmehl hinzu.

Für das Brot:

Die restlichen 700 g Sauerteig in eine Schüssel geben. Mischen Sie das Weizenmehl mit dem Rest des Roggenmehls, dem Dinkelmehl und dem Backmalz und gießen Sie den Sauerteig in die Schüssel. Machen Sie mit einem Löffel zwei Hohlräume im Mehl. Geben Sie die zerbröckelte Hefe, den Zucker und etwas Wasser in einen Topf, Salz und Gewürze in den anderen. Dann 5-10 Minuten ruhen lassen, bis sich die Hefe aufgelöst hat.

Mischen Sie nun alles mit dem Teighaken. Der Teig sollte ausreichend fest und kompakt sein. Fügen Sie nach Bedarf etwas Mehl oder Wasser hinzu. Dann bestreuen Sie Ihre Arbeitsfläche großzügig mit Mehl. Nehmen Sie den Teig aus dem Glas, kneten Sie ihn 5 Minuten lang gut mit den Handflächen, teilen Sie ihn und kneten Sie jede Hälfte mindestens 3 Minuten lang erneut. Der Teig muss nicht klebrig sein, er sollte sich leicht mit den Händen abziehen lassen. Ich halte diese Punkte für besonders wichtig, da hier der Kleber mit dem Mehl verschmilzt.

Sie können es wie einen Brotkasten auf einem Backblech aus Pergamentpapier oder wie einen Laib Brot backen. Dazu werden ein oder zwei Kugeln gebildet.

Dann 30 bis 45 Minuten bei ca. 40 ° C im Ofen ruhen lassen, bis der Teig gar ist. Lassen Sie nicht zu viel Zeit vergehen, die gestartete Variante wird schnell flach und breit.

Nehmen Sie das Brot kurz aus dem Ofen, decken Sie es mit einem Tuch ab und heizen Sie den Ofen auf 200 ° C vor. Gießen Sie nach Erreichen der Temperatur 500 ml Wasser in die Auffangwanne. Dies beginnt dann zu verdampfen und stellt sicher, dass die Kruste nicht zu hart wird.

Die Garzeit beträgt ca. 40 bis 50 Minuten.

Wenn es abkühlt, legen Sie ein wenig Brot, zum Beispiel auf Stäbchen oder ähnliches, damit es die Luft von unten ansaugt.

Variationen:

Zwiebel- oder Schinkenbrot: Zwiebel oder Schinken anbraten und kneten.

Getreidebrot: Leinsamen oder ähnliches passen auch gut zum Teig.

Ein bisschen mehr Zucker: Es macht das Brot nicht süßer, es steigt ein bisschen besser. Probiere es einfach.

Teilen Sie den Teig nicht, sondern nur ein großes Stück Brot. es wird definitiv funktionieren, die Garzeit kann leicht variieren.

Ein höherer Anteil an Roggen - wäre wünschenswert, aber unter dem Strich funktioniert es nicht so gut mit Roggenmehl in Ihrem Heimofen wie in einer Bäckerei, da Öfen die Fähigkeit haben, Dampf einzuspritzen. Daher garantiert der relativ hohe Anteil an Getreide einen guten Erfolg.

Grob gemahlenes Mehl, Vollkornmehl oder ähnliches: Ich habe keine guten Erfahrungen damit gemacht, es öffnet sich nicht gut und es kocht nicht gut. Verwenden Sie es beispielsweise als Additiv. B. anstelle von Dinkelmehl.

Ich freue mich auf weitere Vorschläge und Erfahrungen mit den Änderungen. Sie können es auch zweimal fallen lassen, die Laufzeit oder Temperatur ändern oder ähnliches. Wir laden Sie ein, es zu versuchen.

GANZES ROGENBROT MIT MILCHTEIG

Portionen: 1

ZUTATEN

Für den Sauerteig:

- 250 gr Sehr heißes Wasser
- 250 gr Vollkornroggenmehl
- Für den Hauptteig:
- 300 Gramm   natürliche Hefe
- 300 Gramm   Vollkornroggenmehl
- 300 Gramm   Vollkornmehl
- 260 Gramm   Sehr heißes Wasser
- 10 Gramm   Hefe
- 2 Teelöffel   Salz

Auch:

- Norden. Vollkornmehl
- Norden. Sonnenblumenöl
- Norden. B. Wasser, sehr heiß

VORBEREITUNG

Für den Sauerteig 50 g sehr heißes Wasser und 50 g Bio-Roggenmehl 5 Tage in einer Schüssel mischen und abgedeckt in der Küche bei Raumtemperatur von ca. 20 ° C stehen lassen.

Nach ein paar Tagen bilden sich Blasen und der Sauerteig riecht sauer, vielleicht Apfelessig, Bier oder ähnliches. Entfernen Sie am sechsten Tag die erforderlichen 300 g Sauerteig und fahren Sie mit dem Rest fort, solange Sie das Brot backen möchten. Wenn Sie beispielsweise in den Urlaub fahren, kann der Teig auch vorübergehend im Kühlschrank aufbewahrt werden.

Für das Brot mischen Sie die beiden Mehlsorten mit dem Salz.

Mischen Sie 300 g Sauerteig mit 260 g sehr heißem Wasser in einer Schüssel.

Mischen Sie zuerst das Mehl und das Backpulver mit einem Handmixer mit einem Teighaken. Dann weiter von Hand kneten, bis sich ein glatter und möglicherweise leicht klebriger Teig bildet.

Legen Sie den Teig 1 Stunde lang in eine Schüssel in einem vorgeheizten Ofen bei 50 ° C bei hoher / niedriger Hitze (und schalten Sie ihn dann aus), um ihn wieder aufzuheizen.

Die Hefe in etwas lauwarmem Wasser auflösen. Nun den heißen Teig einarbeiten und einen weichen, leicht klebrigen Teig mit etwas mehr Vollkornmehl kneten.

Den Teig abdecken und 1,5 Stunden im Ofen ruhen lassen.

Den Teig aus dem Ofen nehmen, auf ein gefettetes Backblech legen und markieren.

Den Backofen auf eine obere / untere Temperatur von 250 ° C vorheizen.

Gießen Sie das Brot und gießen Sie eine Tasse Wasser in den Ofen (nicht auf das Brot). Der resultierende Dunst hält die Oberfläche des Brotes für einige Zeit glatt.

Nun wie folgt kochen: 10 min bei 250 ° C, dann 15 min bei 200 ° C und schließlich 35 min bei 160 ° C.

Das Brot sollte jetzt hohl erscheinen, wenn es auf den Boden des Brotes trifft. Wenn ein Thermometer verfügbar ist, verwenden Sie es und stellen Sie es auf eine Innentemperatur von 96 ° C ein.

Ich benutze Bio-Mehl.

TURNSCHUHE

Portionen: 1

ZUTATEN

- 1 ½ kg Mehl
- 180 ml Milch oder Sojamilch
- 20 g Honig oder Zucker
- 50 g Hefe
- 1,2 Liter Wasser
- 30 ml Olivenöl oder Neutralöl
- 25 g Salz

VORBEREITUNG

Wenn Sie das gesamte Rezept machen, benötigen Sie eine große Schüssel oder, wie wir es in der Küche getan haben, einen sauberen 10-Liter-Eimer, da die Hefe aufgehen wird.

Geben Sie zuerst 450 ml Wasser, Milch, Honig, 25 g Hefe und 450 g Mehl in den Eimer oder die Schüssel für den vorherigen Teig. All dies wird mit einem großen Schneebesen gemischt, egal ob es Klumpen gibt, die Hefe wird die Klumpen beim Gehen aufbrechen. Decken Sie dann den vorherigen Teig mit Plastikfolie ab und lassen Sie ihn ca. 1 Stunde ruhen, bis der Teig grob gefaltet ist.

Wenn der Teig aufgegangen ist, die anderen Zutaten hinzufügen und alles mit einem Holzlöffel vermischen, wieder abdecken und ca. 1,5 Stunden.

In der Zwischenzeit den Backofen auf ca. Auf 200 ° C erhitzen / senken und 2 Teller mit Mehl bestreuen. Den fertigen Teig auf die Backbleche verteilen und in ca. 3 längliche Brötchen. Mit etwas Mehl bestreuen und im vorgeheizten Backofen ca. 15-20 Minuten backen, bis sie leicht gebräunt sind.

VOLLKORNBROT

Portionen: 1

ZUTATEN

- 750 Gramm   Mehl, vorzugsweise 5 Mehlkörner
- 1 Liter Milchbutter
- 500 g Vollkornmehl
- 250 gr Gemischte   Samen,   zB   Sonnenblumenkerne, Kürbiskerne, Leinsamen, Sesam.
- 4 Teelöffel   Salz
- 200 gr Rübensirup
- 2 Würfel   Hefe
- 150 ml Lauwarmes Wasser
- Margarine, für den Schimmel
- Hafer für die Form

VORBEREITUNG

Mehl und Buttermilch mit den Samen in eine Schüssel geben und ca. 1 Stunde einweichen lassen.

Die Hefe in lauwarmem Wasser auflösen und zusammen mit allen anderen Zutaten zum Mehl geben. Gut mit dem Teighaken mischen.

2 Brotpfannen (30 cm lang) einfetten und mit Haferflocken bestreuen. Den Teig in zwei Formen teilen und mit Haferflocken bestreuen. Bei 180 ° C bei hoher / niedriger Hitze ca. 70 Minuten.

Brot kann sehr leicht eingefroren werden.

SOUTH TIROL REMOVAL FULL PAN

Portionen: 2

ZUTATEN

- 350 ml Das Wasser
- 2 EL   Zuneigung
- 2 Zimmer   Trockenhefe
- 400 gr Dinkelmehl, (ganzes Dinkelmehl)
- 100 g Weizenmehl (Vollmehl)
- 5 g Fenchelsamen
- 2 g Kreuzkümmel
- 15 Gramm   Salz
- 100 Gramm   Sonnenblumenkerne und Haferflocken oder Samen Ihrer Wahl

VORBEREITUNG

Für alles Dinkelbrot das Wasser mit dem Honig erhitzen und mit der Hefe mischen. Den Rest der Zutaten in die Wassermischung geben und kneten, bis ein Teig entsteht. Mit einem Geschirrtuch abdecken und ca. 35 Grad (ungefähr 30 Minuten).

Den Teig erneut kneten, halbieren und Brotlaibe formen. Mit lauwarmem Wasser bestreichen und mit Sonnenblumenkernen und Haferflocken bestreuen. Wieder aufgehen lassen (ca. 30 Minuten). Im vorgeheizten Backofen bei 200 ° ca. 30 Minuten backen.

Rat:

Sie können auch kleine Brötchen mit ganzen Dinkelnudeln machen. Andere Arten von Mehl oder Getreide können ebenfalls verwendet werden.

Fräsen und Rollen fräsen

Portionen: 1

ZUTATEN

- 500 g Mehl (z.B. Typ 550)
- 300 ml Lauwarmes Wasser
- 9 g Salz
- 30 g Hefe

VORBEREITUNG

Die Hefe in kleine Stücke zerbröckeln und in eine Schüssel geben, Salz, Wasser und Mehl hinzufügen. Alles mischen und kneten, bis ein elastischer Teig entsteht.

Abdecken und 30 Minuten an einem warmen Ort (ca. 25 Grad) ruhen lassen.

Den Teig noch einmal kurz mit den Fingerspitzen auf einer mit Mehl bestäubten Arbeitsfläche kneten. Teilen Sie den Teig in zwei Hälften und schneiden Sie mit dem Karton einen Abschnitt in vier Stücke.

Nun "mahlen" Sie das Brot und die Brötchen, das heißt, formen Sie sie. Verteilen Sie dazu die vier Teigkugeln mit Ihren Händen in kreisenden Bewegungen auf der Arbeitsplatte, bis eine Spannung auf der Oberfläche entsteht, während die Drehbewegung unten eine Art Spirale erzeugt.

Formen Sie nun die zweite große Teighälfte zu einem Laib und legen Sie sie auf eine straffe Oberfläche auf einen Hefekorb oder ein Backblech und decken Sie sie erneut 30 Minuten lang an einem warmen Ort ab.

Nach einer halben Stunde den Brotteig auf ein Backblech drehen und in Brötchen schneiden.

Den Backofen auf 220 ° C vorheizen, dann die Brötchen ca. 20 Minuten und das Brot ca. 30 Minuten bei 200 ° C hoch / niedrig goldbraun backen.

Dann mit einem Geschirrtuch abdecken und auf einem Gitter verdunsten lassen.

Guten Appetit!

Zwiebelbrot, Käse und Schinken

ZUTATEN

- 500 g Mehl
- 20 g Hefe
- 1 Teelöffel Salz
- 0,35 Liter Mineralwasser
- 100 Gramm   Käse, scharf, gerieben
- 100 Gramm   Schinkenwürfel
- 50 Gramm   geröstete Zwiebeln

VORBEREITUNG

Den Backofen auf eine höhere / niedrigere Temperatur von 100 ° C
vorheizen.

Das Mehl in eine Schüssel geben.

Die frische Hefe in eine Tasse geben und das Salz hinzufügen. Rühren, bis die Hefe flüssig ist (die Hefe reagiert auf das Salz, es muss kein Wasser hinzugefügt werden). Zum Mehl mit Mineralwasser bei Raumtemperatur und geriebenem Käse, Schinkenwürfeln und gebratenen Zwiebeln geben. Kneten Sie alle Zutaten in einem Hefeteig, bis er sich vom Rand der Schüssel löst, und fügen Sie bei Bedarf etwas Mehl oder Mineralwasser hinzu. Decken Sie nun die Schüssel mit einem Tuch ab und lassen Sie den Teig ca. 10 Minuten im heißen Ofen gehen. Nehmen Sie dann die Schüssel heraus und heizen Sie den Ofen auf 200 ° C.

Den Teig auf einer bemehlten Oberfläche zu einem runden Laib formen und auf ein vorbereitetes Backblech legen. In einen heißen Ofen (mittlerer Rost) stellen und 50 Minuten kochen lassen. Führen Sie dann den Funktionstest durch und lassen Sie ihn auf einem Grill abkühlen.

Tipp: Brot kann auch in einer Auflaufform gebacken werden.

EINZELBROT

Portionen: 1

ZUTATEN

- 500 g Mehl (auch halb ganz, halb weiß)
- 350 ml Das Wasser
- 1 Packung   Trockenhefe
- 1 EL   Zucker
- 1 Teelöffel   Salz
- 2 EL   Öl
- Fett für die Fitness

VORBEREITUNG

Alle Zutaten mischen und abdecken und zweimal gehen lassen. Nochmals gut kneten und in eine gefettete Pfanne geben (ich streue auch die Semmelbrösel darauf). Weitere 20 Minuten stehen lassen.

Die Oberseite mit Wasser bestreichen. Dann im vorgeheizten Backofen ca. 40 bis 50 Minuten bei 220 ° C hoher / niedriger Hitze.

BASIL PESTO BROT

Portionen: 1

ZUTATEN

Für die Pasta:

- 250 gr Mehl
- 1 Teelöffel   Salz
- 2 Teelöffel   Trockenhefe
- 160 ml Lauwarmes Wasser

Für das Pesto:

- 1 Blumenstrauß   Basilikum, zerrissene Blätter, ca. 20 Gramm
- 75 Gramm   Nüsse oder Samen, z.B. Mandeln, Pinienkerne
- ¼ Teelöffel   Pfeffer

- ½ Teelöffel Salz
- 2 EL Das Wasser
- 60 ml Olivenöl

VORBEREITUNG

Für das Brot das Mehl in eine Schüssel geben und das Salz auf der einen Seite und die Trockenhefe auf der anderen Seite hinzufügen und vorsichtig mischen. Gießen Sie lauwarmes Wasser hinein und kneten Sie mit dem Teighaken etwa 5 Minuten lang, bis sich ein glatter Teig bildet. Decken Sie die Schüssel mit dem Teig ab und lassen Sic sie mindestens 1 Stunde stehen, bis sich die Größe des Teigs verdoppelt hat.

Kombinieren Sie für das Pesto alle Zutaten außer dem Olivenöl in einem Planetenmixer oder mit einem Handmixer. Lassen Sie das Öl bei laufendem Motor fließen und mischen Sie alles fein.

Den Teig auf der bemehlten Arbeitsfläche ausrollen, um einen Teig von ca. Rechteck 45 x 30 cm. Dann das Pesto gleichmäßig verteilen und eine kleine freie Kante lassen. Dann rollen Sie es auf der langen Seite. Schneiden Sie den Nudelholz mit einem scharfen Messer auf beiden Seiten zur Mitte hin in zwei Hälften. Drehen Sie die Teigstränge und legen Sie das Brot auf ein mit Pergamentpapier ausgelegtes Backblech.

Den Backofen auf höhere und niedrigere Temperaturen von 190 ° C vorheizen. Das Brot mit etwas Wasser bestreichen und auf dem zentralen Rost des vorgeheizten Backofens ca. 25 Minuten backen. Herausnehmen und etwas abkühlen lassen.

NIEDRIGES KRAFTSTOFFBROT MIT SONNENBLUMENSAMEN

Portionen: 1

ZUTATEN

- 50 g Sonnenblumenkerne
- 50 g zerkleinerte Leinsamen
- 50 g Weizenkleie
- 50 g Proteinpulver, neutral (zum Beispiel in Apotheken erhältlich)
- 2 Eier der Größe M.
- 250 gr Magerquark
- 1 voller Teelöffel   Hefepulver
- 1 Teelöffel Salz

VORBEREITUNG

Den Backofen auf 200 ° C vorheizen.

Mischen Sie die trockenen Zutaten, fügen Sie den Hüttenkäse und die Eier hinzu und kneten Sie einen Teig. Lassen Sie den Teig 10 Minuten ruhen. Die Leinsamen quellen auf und der Teig wird etwas fester.

Ein Brot formen und ca. 40 Minuten backen. Ich benutze nur Backpapier auf einem Gestell.

Wenn Sie möchten, können Sie das Brot vor dem Backen mit einem Messer etwas tiefer (ca. 1 cm) schneiden, mit Sonnenblumenkernen bestreuen und bei Bedarf etwas andrücken. Aber das ist nur für das Aussehen.

Das Besondere an dem Rezept ist, dass es immer noch funktioniert und sehr vielseitig ist. Anstelle von Sonnenblumenkernen können Sie auch Kürbiskerne, gehackte Nüsse, Sesam, gemischte Salatsamen usw. verwenden. Ich habe es sogar mit 25 g Pinienkernen und 25 g geriebenen sonnengetrockneten Tomaten gekocht. In der Tat können Sie fast jede Art von kohlenhydratarmen Samen oder Nüssen verwenden.

NAAN INDISCHES BROT

Portionen: 1

ZUTATEN

- 500 g Mehl
- 150 ml Heiße Milch
- 2 ½ Esslöffel Zucker
- 2 Teelöffel   Trockenhefe
- 1 Teelöffel Backpulver
- 2 EL   Pflanzenöl
- 150 ml Vollmilchjoghurt, leicht geschlagen
- 1 groß Eier, leicht zu schlagen
- Salz
- rollendes Mehl

VORBEREITUNG

Gießen Sie die Milch in eine Schüssel, fügen Sie 0,5 Esslöffel Zucker und Hefe hinzu. An einem warmen Ort ca. 20 Minuten ruhen lassen, bis sich die Hefe aufgelöst hat und die Mischung locker wird.

Das Mehl in eine große Schüssel geben, mit 1/2 Teelöffel Salz und Backpulver mischen. Fügen Sie 2 Esslöffel Zucker, gelöste Hefemilch, 2 Esslöffel Pflanzenöl, leicht geschlagenen Joghurt und leicht geschlagenes Ei hinzu. Alles gut 10 Minuten kneten, bis ein weicher und duktiler Teig entsteht. Geben Sie 1/4 Teelöffel Öl in eine Schüssel und rollen Sie die Teigkugel. Decken Sie den Behälter mit Plastikfolie ab und lassen Sie ihn 1 Stunde an einem warmen Ort stehen, um ihn zu verdoppeln.

Den Teig erneut kneten, in 6 gleichmäßig große Kugeln teilen und mit einem Geschirrtuch abdecken.

Die erste Kugel dünn mit etwas Mehl in Form eines Tropfens oder eines Kreises verteilen.

Schalten Sie die große Flamme des Gasofens auf volle Leistung ein und lassen Sie einen Pfannkuchen oder eine andere große Pfanne sehr heiß werden (Sie können dies auch ohne Fett tun). Nur wenn die Pfanne sehr heiß ist (ich verwende ein italienisches Fladenbrot), fügen Sie das Fladenbrot hinzu. Auf einer Seite braten, bis es kocht. Dann drehen Sie es kurz um (seien Sie vorsichtig, das Naan kann jetzt leicht brennen!) Und bräunen Sie die andere Seite kurz an.

Heiß servieren! Hervorragend zu allen Arten von Curry- oder Saucengerichten.

Die fertigen Kugeln können auch in Plastikfolie eingewickelt und sehr gut eingefroren werden. Nochmals ca. 1 Stunde. Ich löse die Aluminiumfolie und lege die Kugeln auf den Herd.

KÖSTLICHES BUTTERBROT, ENTFERNT UND WEIZENMehl

Portionen: 4

ZUTATEN

- 250 gr Milchbutter
- 250 gr Das Wasser
- 250 gr Dinkelmehl (Typ 630)
- 300 Gramm   Weichweizenmehl Typ 405
- 100 Gramm   Grütze
- 4 Teelöffel   natürliche Hefe
- 1 EL   Salz
- 2 Teelöffel   Zucker, möglicherweise braun
- 1 Packung   Trockenhefe

VORBEREITUNG

Zuerst werden Buttermilch und Wasser, Mehl und alle anderen Zutaten in die Brotmaschine gegeben und gut geknetet. Nach dem erneuten Kneten wird der Teig in einen Brotkorb gelegt. Wenn er zu weich ist, können Sie etwas mehr Mehl kneten. Dort ließ ich ihn etwa 15 Minuten lang gehen.

Ich backte das Brot ungefähr 10 Minuten lang bei ungefähr 250 ° C, dann fiel die Temperatur auf 180 ° C und das Brot blieb ungefähr 20 Minuten lang im Ofen. Um eine gute Kruste zu erhalten, habe ich etwa 150 ml Wasser in den Boden des Ofens gegossen und auch eine Schüssel Wasser in den Boden gestellt. Wie bei anderen Brotsorten ist es gut, wenn es gebräunt ist und der Boden leer erscheint.

Der erste Versuch mit Frischkäse und Brunnenkresse war mehr als lecker und schmeckt auch hervorragend zu Käse, Marmelade oder was auch immer Sie zum Frühstück möchten.

Ich las Dutzende von Rezepten, schaute mir an, was sich im Schrank und im Kühlschrank befand, änderte alle Rezepte ein wenig und das Ergebnis war wirklich leckeres Brot.

MAGISCHES GLUTENFREIES BROT

Portionen: 1

ZUTATEN

- 350 gr Mehlmischung (Brotmischung aus Schär), glutenfrei
- 100 Gramm Buchweizenmehl
- 50 g Mehlmischung (Seitz Schwarzmehlmischung), glutenfrei
- 1 ½ Teelöffel Himalaya-Salz oder Meersalz
- 50 g Leinsamen, gelb
- 50 g Sesam
- 10 g gepuffter Amaranth
- 2 EL Flohsamenschalen
- 1 EL Chiasamen
- 2 EL Apfelessig
- 1 Teelöffel, geebnet Zucker
- 1 Eimer Hefe
- 550 ml Lauwarmes Wasser
- Butter für Schimmel

VORBEREITUNG

Die Hefe zerbröckeln und mit dem Zucker im Wasser auflösen. Es dauert 5-8 Minuten. Zuletzt umrühren.

In der Zwischenzeit alle verbleibenden trockenen Zutaten wiegen oder messen, in eine Schüssel geben und mischen. Gießen Sie die Apfelessig-Hefe-Wasser-Mischung hinein und mischen Sie sie mindestens 10 Minuten lang gut in einer Küchenmaschine. Dies ist auch mit dem Handmixer möglich, aber es ist anstrengend. Der Teig sollte noch klebrig sein, aber ein wenig biegsam; Je nach Mehlsorte möglicherweise etwas mehr Wasser hinzufügen.

Dann eine rechteckige Pfanne mit Butter bestreichen und den Teig hineinlegen, in zwei Hälften teilen und in der Form nebeneinander Brötchen formen. Backen, mit einem Tuch abdecken und den Backofen auf eine maximale Temperatur von 40 ° C stellen. 15 Minuten stehen lassen.

Entfernen Sie das Tuch und reiben Sie es mit einem Messer für ca. 4 mal in 1 cm. Lassen Sie es im Ofen stehen und stellen Sie den Ofen auf 200 ° C obere und untere Temperatur und den Timer auf 60 Minuten. Die Ofentür muss während der Garzeit eingeschaltet bleiben. Nehmen Sie das Brot nach 60 Minuten aus der Pfanne und backen Sie es weitere 10 Minuten bis maximal 15 Minuten mit dem Boden nach oben. Auf einem Gestell einige Stunden abkühlen lassen.

Mehlteig ist sehr wichtig für den Geschmack, insbesondere bei glutenfreiem Brot. Bei anderen Mehlen, die ebenfalls verwendet werden können, ist der Geschmack offensichtlich anders. Getreide und Samen können frei ausgetauscht werden, zum Beispiel B. Hanf- oder Sonnenblumenkerne, Kürbiskerne oder Nüsse sind ebenfalls möglich.

NAAN BROT

Portionen: 1

ZUTATEN

- 250 gr Mehl (Typ 550 oder Dinkelmehl Typ 630)
- 1 Teelöffel Trockenhefe mit Backpulver
- Ein bisschen Salz
- 1 Teelöffel Zucker
- 100 ml lauwarmes Wasser
- 75 Gramm   Joghurt
- 2 EL   Öl
- 2 EL   Geklärte Butter
- Mehl für die Arbeitsfläche

VORBEREITUNG

Mehl, Trockenhefe mit Backpulver, 1 Teelöffel Salz und Zucker in einer Schüssel vermengen. Joghurt und Öl mischen, mit der Mehlmischung mischen. Gießen Sie 100 ml lauwarmes Wasser. Mit dem Teighaken des Handmixers glatt rühren.

Decken Sie den Teig ab und lassen Sie ihn 3 Stunden stehen (wenn Sie Zeit haben, noch mehr), bis sich das Volumen des Teigs verdoppelt hat. Den Backofen und ein Backblech auf 260 ° C vorheizen.

Den Teig auf einer leicht bemehlten Arbeitsfläche kräftig kneten und in 6 gleiche Portionen teilen. Teilen Sie sie nacheinander in ovale Kuchen (ca. 20 cm lang). Legen Sie 3 Kuchen auf ein Blatt Papier. Rollen Sie die Kuchen auf Pergamentpapier in einer heißen Pfanne und backen Sie sie in der Mitte des Ofens 6 bis 8 Minuten lang goldbraun.

Die geklärte Butter schmelzen. Legen Sie die Focaccias zum Abkühlen auf einen Rost und verteilen Sie sie sofort mit etwas geklärter Butter. Backen und bürsten Sie die restlichen Brote auf die gleiche Weise. Am besten gekühlt serviert.

DELFINAS VITALBROT

Portionen: 1

ZUTATEN

- 470 Gramm   Natürliche Hefe (natürliche Roggenhefe)
- 240 gr Roggenmehl Typ 1150
- 170 gr Weichweizenmehl Typ 1050
- 250 gr Das Wasser
- 16 Gramm   Salz
- 10 Gramm   Hefe
- 50 Gramm   Körner (lebenswichtige Grundmischung)

VORBEREITUNG

Mischen Sie alle Zutaten in der Küchenmaschine mit dem Spiralmischer auf Stufe 2 für 6 Minuten. Bedeckt 10 Minuten stehen lassen.

Den Teig auf eine bemehlte Arbeitsfläche legen, erneut kneten, dann rund und dann der Länge nach arbeiten. In einen Hefekorb legen, abdecken und ca. 1 Stunde.

Den Backofen (vorzugsweise mit einem Backstein) auf 250 ° O / U vorheizen. Das Brot vorsichtig auf den Backstein kippen (Sie können den Spieß einmal über das Brot schieben, wenn Sie möchten). Mit vielen Pony nach oben drücken. 15 Minuten backen, dann die Temperatur auf 200 ° senken und weitere 40 Minuten kochen lassen.

Die lebenswichtige Basismischung besteht aus:

Sonnenblumenkerne, Kürbiskerne, geröstete Sojabohnen und Pinienkerne

FAZIT

Die Brotdiät wird allgemein als ausreichend für den täglichen Gebrauch angesehen. Weil keine wesentlichen Änderungen vorgenommen werden müssen. Sie müssen sich jedoch an 5 Mahlzeiten pro Tag halten, um Fett zu verbrennen. Daher ist auch die Widerstandsprognose recht gut. Die Brotdiät kann mehrere Wochen ohne zu zögern durchgeführt werden. Die Notwendigkeit, Kalorien zu zählen, erfordert eine sorgfältige Planung der Mahlzeiten. Die Brotdiät ist jedoch nicht einseitig, schon allein deshalb, weil das Mittagessen normal gegessen wird. Die Brotdiät ist nur für Benutzer gedacht, die sich Zeit für das Frühstück und andere Mahlzeiten nehmen können. Weil das Essen gut gekaut werden muss.

Was ist erlaubt, was ist verboten

Es ist nicht erlaubt, während der Brotdiät dicke Butter auf Brot zu verteilen. Aber es ist besser, auf Butter oder Margarine zu verzichten. Die Decke sollte auch nicht zu dick sein. Eine Scheibe

Wurst oder Käsebrot sollte ausreichen. Sie müssen während der Brotdiät 2-3 Liter trinken, dh Wasser, Tee oder ungesüßte Fruchtsäfte.

SPORT - NOTWENDIG?

Regelmäßige Bewegung oder Sport stehen nicht im Mittelpunkt einer Brotdiät. Aber Sport zu treiben ist nicht mehr so schlecht wie früher

Ähnliche Pläne

Ähnlich wie bei Kohl, Kohl oder verschiedenen Säften konzentriert sich die Brotdiät auf das Essen von Brot.

PLAN KOSTEN

Bei der Brotdiät müssen keine zusätzlichen Kosten gegenüber den normalen Einkäufen erwartet werden. Vollkornbrot kostet etwas mehr als Weißmehlbrot. Aber die Unterschiede sind nicht so groß. Außerdem müssen Sie Bio-Produkte nicht separat kaufen. Achten Sie wie bei anderen Einkäufen nur auf die Frische der Ware.

WAS ERLAUBT IST, WAS VERBOTEN IST

Es ist nicht erlaubt, während der Brotdiät dicke Butter auf Brot zu verteilen. Aber es ist besser, auf Butter oder Margarine zu verzichten. Die Decke sollte auch nicht zu dick sein. Eine Scheibe Wurst oder Käsebrot sollte ausreichen. Sie müssen während der Brotdiät 2-3 Liter trinken, dh Wasser, Tee oder ungesüßte Fruchtsäfte.

Die empfohlene Dauer der Brotdiät beträgt vier Wochen. Es ist aber auch möglich, es zu erweitern. Sie sollten ungefähr zwei Pfund pro Woche verlieren.

Die Tagesrationen bestehen aus fünf Mahlzeiten. Diese sollten auch beachtet werden, um das Gefühl des Hungers zu vermeiden.

Darüber hinaus kann der Körper auf diese Weise die wertvollen Nährstoffe optimal nutzen. Es ist auch wichtig, viel zu trinken.

Dank einer ausgewogenen Nahrungsaufnahme kann die Brotdiät bei ausreichender Kalorienaufnahme auch für die ganze Familie durchgeführt werden. Gleichzeitig hat es auch den Vorteil, dass die Arbeiter es auch leicht benutzen können; Die meisten Mahlzeiten können zubereitet und dann weggenommen werden.

Wenn konsequent durchgeführt, ist es möglich, einen Gewichtsverlust von 2 bis 3 Pfund pro Woche zu erreichen. Letztendlich zielt die Brotdiät darauf ab, Ihre Ernährung auf gesundes Obst und Gemüse und Kohlenhydrate und weg von

Fleisch und Fett zu verlagern. Die große Menge an Ballaststoffen führt zu einem anhaltenden Völlegefühl.

Lightning Source UK Ltd.
Milton Keynes UK
UKHW020808110621
385331UK00004B/236